Sommaire

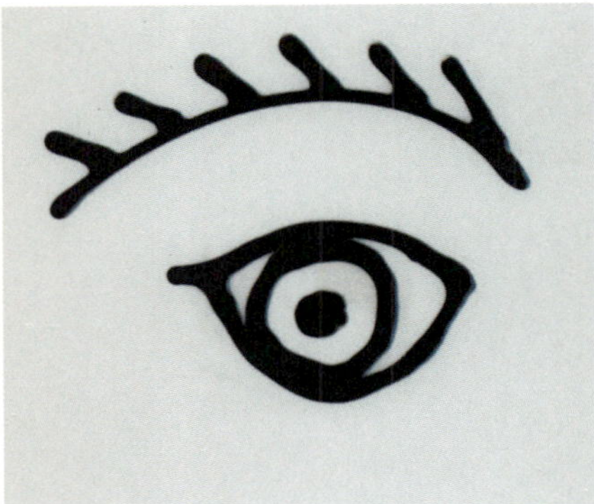

Avant-propos

Au début de notre histoire, il y a l'amour... L'amour de l'art, du design et des voyages... L'amour des grandes tables en fête, de la cuisine, des épices, des saveurs, des couleurs....

Au début de notre histoire, il y a un pinceau et une plume, une rousse et une brune.

Au début de notre histoire il y a le rêve, il y a l'envie et le plaisir...

Notre histoire sera un peu la vôtre si nos créations arrivent sur vos tables...

Alors suivez-nous.

Pour commencer à peindre sur porcelaine, il y a une condition : vous devez avant tout avoir envie de vous faire plaisir, de vous détendre ! Si vous feuilletez cet ouvrage c'est que vous êtes déjà en train de craquer ! Vous découvrirez des projets ludiques, d'autres d'inspiration ethnique, d'autres où vous retrouverez les formes et les couleurs de la nature. Il y en a pour (presque) tous les goûts et (absolument) tous les niveaux, du débutant à l'artiste confirmé ! Prenez tout votre temps, laissez parler votre pinceau...

Le matériel

La vaisselle en porcelaine

Sur une pièce de votre choix, en porcelaine blanche déjà vernie, vous allez appliquer de la peinture « spéciale porcelaine », qui sera ensuite cuite tout simplement dans votre four ménager.

Faites attention aux défauts

Des tasses à café, une coupe à fruits, un vase et pourquoi pas un service tout entier… Les projets que vous trouverez dans cet ouvrage vous entraîneront de la cuisine au salon en passant par la salle de bains !

La vaisselle avec laquelle vous pouvez réaliser vos projets est on ne peut plus ordinaire : n'importe quelle pièce en porcelaine blanche, déjà vernie fera l'affaire. À fin de cet ouvrage, vous trouverez différentes adresses ou vous pourrez à loisir, choisir vos pièces de porcelaine, trier, fouiller, chiner… mais vous pouvez aussi bien utiliser, pour commencer, des pièces de porcelaine blanche toutes simples que vous avez peut-être déjà chez vous.

Prenez le temps de choisir vos pièces. Examinez-les attentivement à la lumière du jour pour déceler d'éventuels défauts dans le verni brillant qui les recouvre : surépaisseurs, petits creux ou points noirs.

La plupart du temps, vous pourrez dissimuler ces défauts sous votre décor, ne vous inquiétez pas. En revanche, ne choisissez pas de pièce altérée, retournez la vaisselle pour déceler d'éventuelles traces de fêlure et, si vous en découvrez, n'achetez pas la pièce : elle se briserait à la cuisson.

Peintures et cloisonnés

Pour réaliser les projets que nous vous proposons, vous allez utiliser de la peinture spéciale porcelaine. Il en existe plusieurs sortes, sous forme de poudre (ou pigments) ou bien liquide, en flacon. C'est cette dernière que nous avons utilisée pour cet ouvrage.

La peinture

Prête à l'emploi, se diluant à l'eau, elle est conditionnée en petits flacons de 45 ml. Cette peinture est « thermofixable ». Cela signifie que la peinture reste en surface et ne se fond pas à la porcelaine. Le décor se durcit sous l'effet de la chaleur et résiste ensuite au lavage. Ces couleurs s'appliquent facilement, présentent l'avantage de pouvoir se cuire à 150 °C et permettent donc l'utilisation d'un four ménager. De plus, elles ne présentent aucun risque de toxicité, le solvant de la peinture étant de l'eau.
Les peintures utilisées pour les projets proposés sont celles de la gamme Pébéo Porcelaine 150 qui propose 46 couleurs (gamme ci-contre).

Le cloisonné

Nous avons également utilisé pour de nombreux modèles de ce livre de la peinture « cloisonné ». Cette peinture de consistance épaisse permet de sertir les motifs, mais aussi de dessiner des motifs fins et de tous petits détails (voir p. 24), ou encore d'écrire. Les produits que nous avons utilisés sont également des produits de la marque Pébéo (Porcelaine 150 – gamme ci-contre – ou Vitréa 160, ces derniers étant à l'origine destinés à une utilisation sur verre, mais qui conviennent parfaitement pour la porcelaine).
Tous ces produits se trouvent très facilement dans les magasins spécialisés en loisirs créatifs ou dans les rayons adéquats des grandes surfaces.

Choisir les couleurs

Dans la liste du matériel qui accompagne chaque projet, vous retrouverez les peintures référencées par les numéros de la gamme Pébéo Porcelaine 150. Vous pouvez aussi laisser libre cours à votre inspiration et adapter tous nos modèles dans les couleurs de votre choix. Nous vous conseillons alors de faire des essais sur une assiette blanche pour harmoniser vos couleurs.

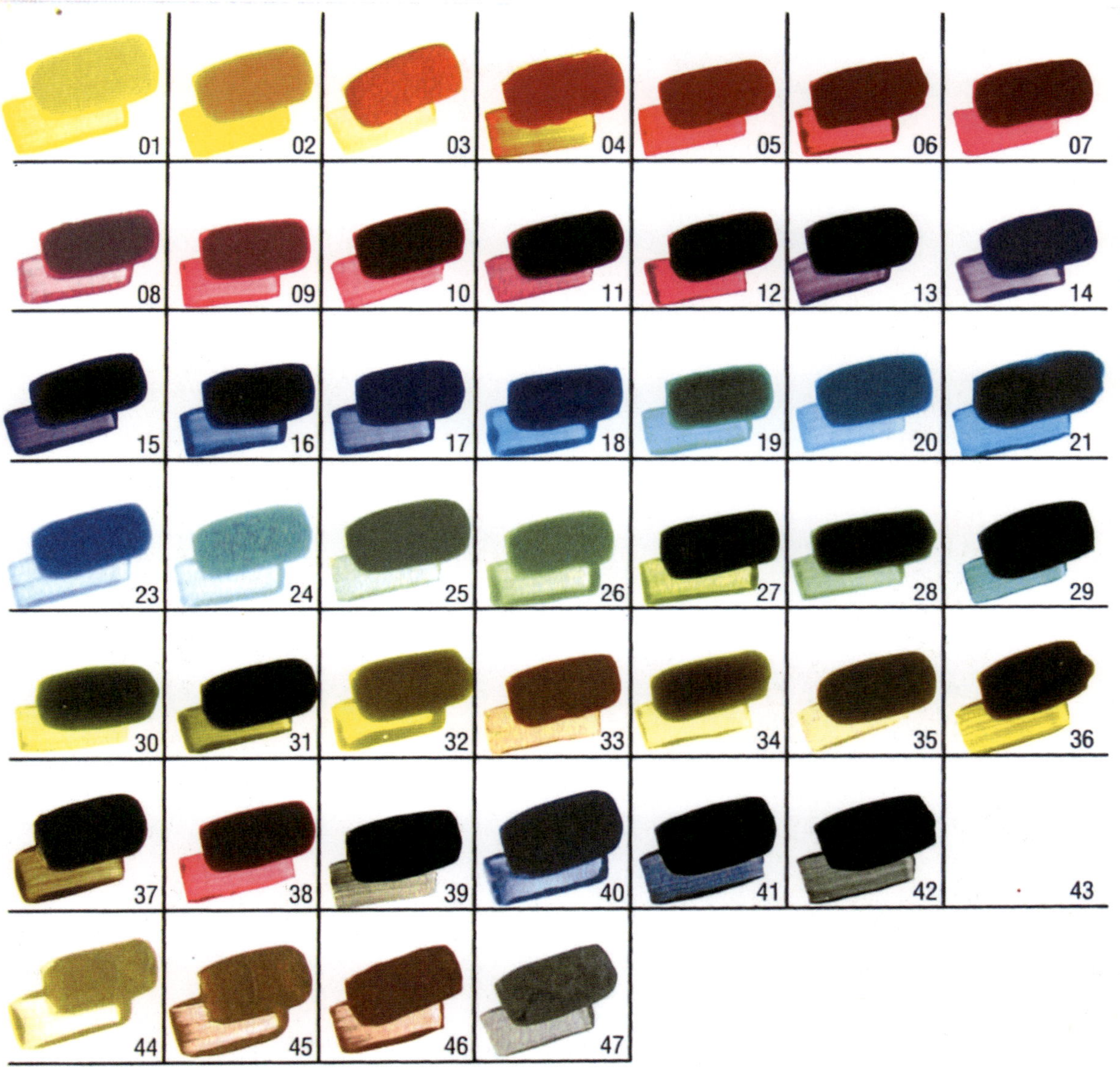

Cloisonnés / Outliners

Feutres Pointes Fines / Fine Tip Markers
Feutres Pointes Larges / Large Tip Markers

Gamme Porcelaine 150
Pébéo

Pinceaux, brosses et cie

Le pinceau est votre ami ! Il va vous suivre sur quasiment tous les projets. Pour les modèles de ce livre, vous aurez besoin de deux types de pinceau : un ou des pinceaux ronds et un pinceau « brosse », ou plat.

Les pinceaux ronds

Choisissez en premier lieu, les pinceaux « ronds », de préférence en poils naturels (martre, petit gris, mangouste). Ce gage de qualité limitera la perte de poils qui risqueraient d'endommager votre décor en restant collés à la peinture ! Un n°16 est indipensable. Si la pointe vous semble trop épaisse pour réaliser des petits dessins ou peindre de petites surfaces, n'hésitez pas à utiliser un pinceau plus fin (de n° inférieur), mais toujours de même qualité.

Les pinceaux plats

La même exigence de qualité est requise pour le pinceau plat (un n°12 devrait faire l'affaire). La qualité « petit gris », à poils souples, vous servira à travailler les fonds et les grandes surfaces.

L'éponge

Pour les fonds à l'éponge essuyée ou à l'éponge tamponnée (voir p. 20 et 21), vous aurez besoin d'un petit cube d'éponge (d'environ 2 x 2 cm). Inutile de sacrifier votre éponge de bain préférée... Découpez une simple éponge ménagère (celle à petits trous), elle fera très bien l'affaire.

Autre matériel spécifique

Vous aurez besoin – outre la peinture et les pinceaux – de plusieurs outils qui vont vous simplifier la vie.

- Un plateau de table tournant (si vous ne trouvez le même que celui que vous trouvez tellement pratique dans votre restaurant chinois préféré, le modèle Snudda chez Ikea sera parfait). Il vous permettra – par définition – de faire tourner votre objet et d'en travailler ainsi toutes les zones sans avoir à le toucher.
- Un cutter, qui servira au nettoyage des bordures des assiettes (voir p. 26).
- Du papier-calque, qui vous permettra de décalquer les motifs avec lesquels vous reproduirez les modèles.
- Du papier carbone à porcelaine, qui vous permettra, lui, de reporter les motifs sur vos objets.
- Du papier cartonné (style Bristol) pour réaliser des gabarits.
- Un ou plusieurs feutres à porcelaine, pour écrire et dessiner directement sur l'objet en porcelaine.
- Des gommettes. De toutes formes et de toutes tailles, elles vous permettront de masquer des zones et créer ainsi des « réserves » sur les fonds peints.

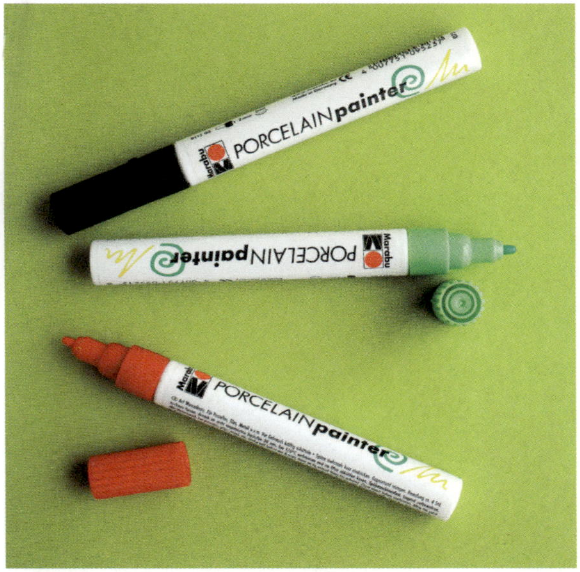

• De la colle forte Araldite pour coller les apprêts (voir ci-dessous) qui viendront mettre la « touche finale » de plusieurs de vos projets.

Ce que vous avez déjà chez vous

• Un chiffon et un flacon d'alcool à 90 ° pour le nettoyage de pièces de porcelaine. Avant de commencer tout travail, il faut soigneusement « dégraisser » la surface de l'objet, même s'il a été lavé à l'eau et qu'il vous semble propre. En effet, le simple toucher peut laisser sur la porcelaine des traces de doigts qui nuiraient au résultat du travail.
• Du ruban adhésif pour maintenir le calque et le carbone quand vous avez des motifs à reporter.
• Des coton-tige pour effacer des traces de feutres ou de toutes petites taches.
• Un gobelet pour l'eau.
• Un crayon à papier bien taillé ou un critérium pour décalquer les motifs et les reporter sur l'objet en porcelaine.
• Une paire de ciseaux bien aiguisés et pointus pour découper les gabarits décalqués et en évider certaines zones si nécessaire.
• Et, bien entendu, un four !

Les apprêts

Ce sont tous les petits éléments de décorations qui viennent parfaire un décor et que vous collerez sur les pièces de vaisselle.
Dans les projets que nous vous proposons, vous trouverez des perles, des morceaux d'os, des fleurs en verre, des gouttes de cristal... mais vous pouvez aussi laisser libre cours à votre imagination et utiliser des boutons, des coquillages, des petits galets, des petites plaquettes de nacre... L'important est que l'une des faces de l'apprêt que vous utilisez présente une surface lisse pour permettre un collage et une fixation solide.
Les apprêts seront collés, après cuisson, avec de la colle forte.

Les techniques

Avant de vous lancer dans la réalisation des objets que nous vous proposons, lisez les pages qui suivent attentivement, et n'hésitez pas à vous entraîner. Réservez une simple assiette à cet usage : nous vous rappelons que tant que la peinture n'est pas cuite, il suffit de la laver à l'eau... pour pouvoir recommencer. Vous aurez donc le droit à autant d'essais que nécessaire ! Les pictos ci-dessous vous indiqueront le niveau de difficulté, les techniques employées et le temps de réalisation pour chaque projet.

☆ niveau de difficulté

techniques employées

temps de réalisation

La technique croisée

Cette technique en trois temps est utilisée exclusivement pour réaliser les fonds. Vous utiliserez pour cela un pinceau plat (pinceau brosse) n°12.

Conseil

Les temps de séchage que nous vous indiquons varient en fonction de la température ambiante : ainsi en été, le séchage est, théoriquement, plus rapide. En règle générale, respectez nos indications.

1 Avant tout, agitez bien le pot de peinture et ouvrez-le. Posez le couvercle et trempez la brosse dans la peinture restée dans le couvercle. Cela vous permet d'économiser la peinture et d'éviter une surcharge de peinture sur les poils du pinceau.

2 Démarrez le travail par une couche de brossé en diagonal : pour cela, passez votre pinceau de haut en bas ou de l'extérieur vers l'intérieur, selon l'objet, en « bande » régulière et successive, en prenant soin de ne pas superposer les « bandes ». La première couche est la plus délicate. Procédez donc doucement, en avançant progressivement. Vous devez couvrir la surface en coups de pinceau régulier dans une progression linéaire dans un seul et même sens.

3 Effectuez un deuxième passage sur l'ensemble de la surface selon la même méthode, mais horizontalement.

4 Le troisième passage, toujours sur le même principe, se fait verticalement.

Si cela vous paraît plus simple, vous pouvez commencer par le passage vertical, puis enchaînera avec le passage horizontal et terminer par le passage en diaginale.

L'ensemble de ces trois passages constitue la première couche de fond. De façon générale, il faut trois couches pour réaliser un fond dense et homogène, avec un temps de séchage de 24 heures entre chaque couche.

La technique étalée

Réalisée avec un pinceau rond, pointu (de préférence petit gris) n°16, cette technique est utilisée principalement pour remplir des motifs ou couvrir de petites surfaces.

1 Avant tout, agitez bien le pot de peinture et ouvrez-le. Posez le couvercle et trempez le pinceau dans la peinture restée dans le couvercle. Cela permet d'économiser la peinture et d'éviter une surcharge de peinture.

2 Tenez le pinceau entre votre pouce et votre index, comme un crayon. Posez le pinceau sur la surface à couvrir, appuyez la pointe du pinceau et travaillez en la déplaçant vers vous. Travaillez avec la pointe du pinceau sans l'écraser pour remplir la zone à petits coups de pinceau. Si vous souhaitez rajouter de la peinture pour obtenir une couleur plus dense, rechargez le pinceau repassez à l'endroit souhaité. Plus vous passez de couches, plus la couleur sera foncée.

La peinture posée avec cette technique doit sécher au minimum 6 heures.

L'éponge tamponnée

Cette technique, nécessitant peu de précision, est parfaite pour réaliser des fonds simplement. L'effet obtenu est cependant moins « couvrant » et donne un aspect un peu « nuageux » à la couleur. Elle peut également être utilisée pour remplir un motif.

1 Découper un petit cube de 2 x 2 cm dans une éponge naturelle (de préférence à petits trous). Mouillez-le et essorez-le.

2 Agitez bien le pot de peinture et ouvrez-le. Posez le couvercle et trempez le cube d'éponge dans la peinture restée dans le couvercle.

3 Tamponnez votre support en prenant soin de ne pas faire de surépaisseur. Tamponnez la peinture et revenez dessus s'il y a trop de matière.

Avec cette technique, la peinture sèche rapidement.

L'éponge essuyée

Très proche de la précédente, cette technique est également très simple. Elle peut être utilisée pour des fonds (un peu transparent) ou pour tracer des bandes, des rayures et des bordures.

1 Découper un petit cube de 2 x 2 cm dans une éponge naturelle (de préférence à petits trous). Mouillez-le et essorez-le.

2 Agitez bien le pot de peinture et ouvrez-le. Posez le couvercle et trempez le cube d'éponge dans la peinture restée dans le couvercle.

3 Appliquez la peinture en « passant » littéralement l'éponge en bande en travaillant du haut en bas.

Là encore, la peinture sèche très vite.

Les touches

Cette technique est facile à réaliser et donne des résultats spectaculaires. Le principe est de mélanger des touches de couleurs, dans un camaïeu de couleurs ou au contraire des couleurs complémentaires, et de laisser les couleurs se fondre entre elles.

2

1 Agitez bien le pot de peinture et ouvrez-le. Posez le couvercle et trempez le pinceau rond pointu dans la peinture restée dans le couvercle.
2 Posez la première série de touches, en ligne, en les espaçant régulièrement de façon à obtenir des espaces équivalents à peu près à la largeur de 2 ou 3 touches. Réalisez l'ensemble des touches de la même couleur sur toute la surface à couvrir.
3 Trempez le pinceau dans un gobelet d'eau et égouttez-le avant de travailler avec la deuxième couleur.
4 Changez de couleur et posez deux ou trois touches de part et d'autre de celles réalisées dans la première couleur.
5 Trempez le pinceau dans un gobelet d'eau et égouttez-le avant de travailler avec la troisième couleur.
6 Posez des touches dans les espaces restés blancs.
La peinture posée avec cette technique sèche assez rapidement.

4

5

Le cloisonné

Les cloisonnés se présentent sous forme de tubes à canule. Ils permettent de travailler en relief et peuvent être utilisés pour sertir des motifs, dessiner des motifs décoratifs et même écrire ! Au fil des projets, vous verrez que nous parlerons de toujours de « cloisonné », mais qu'il y a différentes façons de procéder.

L'utilisation du cloisonné nécessite une certaine dextérité, aussi, avant de vous lancer, entraînez-vous à presser doucement le tube et à soulever le fil de peinture qui en sort et à le poser sur votre décor.

Pour sertir un décor vous pouvez aussi poser des petits points ou faire des petits tirets en vous servant du tube comme d'un stylo – technique que nous appelons « technique des points sellier ». Pour dessiner de petits motifs avec le cloisonné, spirales ou petites « virgules », prenez soin de bien soulever le tube entre chaque motif. Le tube de cloisonné peut aussi être utilisé comme un stylo. Il permet alors de réaliser des objets « à message ».

Utiliser du papier carbone spécial porcelaine

Conçu spécialement pour décalquer sur la porcelaine, il ne peut s'utiliser que sur des fonds restés blancs ou peints avec des couleurs claires.

1 Après avoir décalqué le motif à reporter, positionnez votre carbone, en le maintenant au besoin avec du ruban adhésif, sur votre support (la face noire est positionnée vers le support).

2 Positionnez le calque par-dessus et repassez les contours du motif avec un critérium ou un crayon à papier bien taillé.

La trace laissée sur le support est peu marquée et s'efface très facilement, aussi, prenez soin de ne pas l'effacer en manipulant l'objet avant de peindre le motif.

Nettoyage et correction

L'avantage avec la peinture liquide thermofixable, c'est qu'elle se dilue à l'eau (pratique quand on a fait des taches...) et que, tant qu'elle n'est pas cuite, elle s'élimine très facilement.

Les erreurs et les bavures peuvent (et doivent) être éliminées à l'aide d'un coton-tige ou, si vous préférez, avec un chiffon propre que vous enroulez autour de votre index.
Lorsque vous réalisez les fonds de bordures d'assiettes, il est très délicat de ne pas déborder. Pour obtenir un bord parfait, il suffira de gratter les excès de peinture à l'aide d'un cutter.

1 Posez l'assiette sur le plateau tournant (que vous n'aurez pas manqué d'acquérir tout spécialement !).
2 Positionnez la lame à la limite entre la bordure de l'assiette et la partie non peinte et laissez-la glisser en faisant tourner le plateau.

Garder une belle vaisselle

Une fois que vous avez cuit votre vaisselle peinte, vous pouvez bien entendu l'utiliser normalement. Cependant, vous devrez prendre certaines précautions.

Lavage et entretien

Vous remarquerez que, pour les assiettes, les centres, où les aliments seront coupés, ne sont pas peints. En effet, la peinture que vous utiliserez reste en surface et ne se fond pas dans la porcelaine. C'est ce qui lui donne ce joli aspect « en relief ». Mais c'est aussi ce qui explique que les coups de couteau ou de couverts l'abîment et la rayent.

Lavez votre vaisselle de préférence à la main. Si vous tenez à utiliser le lave-vaisselle (on ne sait jamais, peut-être aurez-vous réalisé six sets de trois assiettes pour vos dîners entre copains !), choisissez le programme le plus doux (30 ° maximum) et le plus court, et vérifiez que le produit lavant ne contient pas d'eau de Javel.

Faites bien attention à ne pas entrechoquer les pièces peintes entre elles.

Si vous réalisez un cendrier, n'écrasez pas de mégot sur les parties peintes, le décor serait brûlé.

Ranger les assiettes

Pour ranger les assiettes, et de façon générale, tous les objets qui s'empilent, intercalez une feuille de papier absorbant entre chaque pièce, ou – plus chic... – un carré de feutrine d'une couleur assortie à votre service et découpée à la bonne taille.

Inspiration africaine

Pourquoi l'Afrique ? Parce que c'est le terrain sur lequel nous nous rejoignons toutes les deux totalement ! Avant de nous rencontrer, nous aimions déjà l'une comme l'autre tout ce que l'Afrique véhicule : son histoire, son art, ses cultures, sa puissance, et surtout ses couleurs : le rouge et l'ocre de la terre, la couleur brute du lin, le jaune du soleil brûlant, l'éclat de ses diamants et des yeux de ses enfants.
Autant de sources d'inspiration pour innover et enrichir nos créations.

Tasses à café «Totem»

Ce projet va vous permettre de réaliser des petites tasses à café si jolies que vous pourrez même les laisser traîner négligemment près de votre machine à expresso dernier cri. Si vous vous débrouillez bien, vous pourrez même assortir les capsules de café aux tasses !

☆☆ étalée, cloisonné

1 h par tasse et sous tasse sur 4 jours

Matériel

- tasses à café coniques et leurs sous-tasses
- pots de peinture : n°34, n°39, n°37 et n°45
- tube de cloisonné n°08
- pinceau rond
- plateau tournant
- alcool à 90°
- chiffon
- critérium
- feuille de papier cartonné de 2,5 x 2,5 cm

Jour 1

1 Dégraissez l'objet en nettoyant à l'alcool avec un chiffon.
2 Démarrez le travail du fond avec les couleurs respectives en utilisant la technique étalée (p. 19).
3 Couvrez l'ensemble des objets en faisant tourner le plateau en tenant les tasses par les anses. Travaillez ainsi l'ensemble des fonds des tasses et les bords des sous-tasses.
4 Laissez sécher 24 h.

Jour 2

1 Répétez les étapes 2 à 4.
2 Peignez les anses avec la couleur n°45.
3 Laisser sécher 24 h.

Jour 3

1 Mettez les objets à four froid sur thermostat 150 °C. Comptez 45 minutes de cuisson. Dès la fin de la cuisson, éteignez le four et ouvrez la porte. Attendez environ 20 minutes que les objets soient froids.
2 Positionnez le carré de papier cartonné en le centrant sur la tasse afin de repérer les quatre angles du motif. Tous les carrés seront ainsi de taille identique.
3 Tracez les contours du carré avec le critérium.
4 Avec le cloisonné n°08, reproduisez à main levée les motifs de la p. 128. Le fond étant cuit, il vous est possible de laver et de recommencer jusqu'à que le résultat soit satisfaisant.
5 Toujours avec le cloisonné, posez les petits points sur les sous-tasses à la limite entre la bordure peinte et le fond resté blanc.
6 Laissez sécher 24 h.

Jour 4

Effectuez une cuisson comme indiqué précédemment.

Coquetiers «Jungle»

Le dimanche matin, au petit déjeuner, on est souvent encore un peu endormi. Voici donc une méthode infaillible pour que chacun retrouve son coquetier : en faire un différent par personne ! Trop rusé…

☆☆ / étalée, cloisonné

1 h par coquetier sur 2 jours

Matériel

- coquetiers
- pinceau rond
- plateau tournant
- alcool à 90°
- chiffon

Pour le motif « Léopard »

- pots de peinture n°27, n°31 et n°41
- tube de cloisonné n°08

Pour le motif « Zèbre »

- pots de peinture n°33, n°39 et n°15
- tube de cloisonné n°08

Coquetier Léopard (en bas à droite)

Jour 1

1 Prenez le coquetier entre le pouce et l'index. Dégraissez-le en le nettoyant à l'alcool avec le chiffon.

2 Avec la pointe du pinceau, tracez à main levée le contour de plusieurs taches, de taille variable, avec la couleur n°40.

3 Remplissez ces taches avec la couleur n°27.

4 Laisser sécher 4 heures.

5 Peignez le « cœur » des taches avec la couleur n°41.

6 Peignez le fond au pinceau avec la couleur n°31 (technique étalée, p. 19). Couvrez l'ensemble de l'objet en faisant tourner le plateau. Laissez sécher 24 h.

Jour 2

1 Peignez l'intérieur du coquetier avec la couleur n°27. Laissez sécher 4 h.

2 Poser le cloisonné en sertissant l'extérieur des taches et leur cœur. Laissez sécher 24 h.

Jour 3

Enfournez à four froid (thermostat 150 °C). Comptez 45 minutes de cuisson. Dès la fin de la cuisson, éteignez le four et ouvrez la porte. Attendez environ 20 minutes que l'objet soit froid.

Coquetier Zèbre (en haut à droite)

Jour 1

1 Prenez le coquetier entre le pouce et l'index. Dégraissez-le en le nettoyant à l'alcool avec le chiffon.

2 Tracez à main levée, avec la pointe du pinceau, des zébrures avec la couleur n°33. Laissez sécher 4 h

3 Peignez le fond au pinceau (technique étalée, p. 19) avec la couleur n°39. Laissez sécher 24 h.

Jour 2

1 Peignez l'intérieur du coquetier avec la couleur n°15. Laissez sécher 4 h.

2 Sertissez les zébrures avec le cloisonné n°08. Laissez sécher 24 h.

Jour 3

Enfournez à four froid (thermostat 150 °C). Comptez 45 minutes de cuisson. Dès la fin de la cuisson, éteignez le four et ouvrez la porte. Attendez environ 20 minutes que l'objet soit froid.

Théière et tasse «Nattes»

Quand on y réfléchit bien, tresser des paniers ce n'est pas facile non plus !
Inspirée du travail des femmes africaines, cette théière ethnique chic fera raisonner en vous le son du djembe…

☆☆☆ étalée, croisée, cloisonné

3 h 30 sur 5 jours

Matériel

- théière ronde et sa tasse assortie
- pots de peinture n°37, n°39, n°42 et n°43
- tubes de cloisonné n°06 et n°08
- pinceau plat
- pinceau rond
- plateau tournant
- alcool à 90°
- chiffon

Jour 1

1 Dégraissez l'objet en le nettoyant à l'alcool avec le chiffon.
2 Plongez la main qui ne peint pas dans la théière et retournez-la de telle façon à ce qu'elle coiffe la main.
3 Démarrez le travail du fond avec le pinceau plat et la couleur n° 39 en utilisant la technique croisée (p. 18).
4 Couvrez l'ensemble de l'objet sans peindre l'anse.
5 Faites de même avec la tasse en la maintenant par l'anse.
6 Peignez le couvercle de la théière (mais pas le bouton ni l'anse de la tasse).
7 Peignez, avec la couleur n°42 et le pinceau rond, les anses de la théière et de la tasse et le bouton du couvercle. Pour cela, tenez la théière comme précédemment, la tasse entre le pouce et l'index et posez le couvercle sur le plateau.
8 Laissez sécher 24 h

Jour 2

Répétez les étapes 2 à 8.

Jour 3

Répétez les étapes 2 à 8.

Jour 4

1 Mettez les objets à four froid sur thermostat 150 °C. Comptez 45 minutes de cuisson. Dès la fin de la cuisson, éteignez le four et ouvrez la porte. Attendez environ 20 minutes que les objets soient froids.
2 Posez la théière sur le plateau tournant.
3 Sur un des côtés de la théière, délimitez les contours d'un X de 7,5 cm de large pour chaque bande, en allant de haut en bas de la théière.
4 Avec la couleur n°43 et le pinceau rond, remplissez ces bandes avec la technique étalée (p. 19). Cette couche blanche va permettre à la couleur orange de ressortir sur le fond marron.
5 Pour la tasse, tracez un V de 4,5 cm de large pour chaque bande. Les deux bandes doivent se croiser à leur base. Remplissez avec la couleur n°43.
6 Laissez sécher 2 heures.

Astuce

Si vous avez débordé sous la base de l'objet, éliminez l'excédent à l'aide d'un chiffon et d'alcool avant d'effectuer la cuisson.

7 Repeignez les bandes de la théière et de la tasse avec la couleur n°37.
8 Laissez sécher 4 h.
9 Repassez aux mêmes endroits, sur le X et le V la couleur n°37.
10 Laissez sécher l'ensemble 24 h.

Jour 5

1 À l'aide du cloisonné n°06, suivez les contours du X de la théière et du V de la tasse en posant des petits traits tous les 2 mm (voir p. 24). Pour l'une des deux bandes, passez par-dessus l'autre. Remplissez cette bande de lignes au point sellier espacées chacune de 3 mm, en alternant une ligne avec le cloisonné n°06 et une ligne avec le cloisonné n°08.
2 Laissez sécher 24 h.

Jour 6

Faites cuire comme indiqué précédemment.

Porte-encens «Spirales»

On vous a dit et répété, une ambiance cosy et feutrée est un excellent début pour une soirée romantique ! Alors allumez un bâton d'encens et ne discutez pas !

☆☆ / croisée, cloisonné

1 h 30 sur 3 jours

Matériel

- petit plateau ovale
- pot de peinture n°39
- tube de cloisonné n°07
- pinceau plat
- crayon blanc
- règle
- alcool à 90°
- chiffon

Jour 1

1 Nettoyez le plateau à l'alcool avec le chiffon.
2 Saisissez-le plateau par le fond et tenez-le dans la main qui ne peint pas, légèrement fermée.
3 Démarrez le travail du fond avec la couleur n°39 en utilisant la technique croisée (p. 18). Couvrez l'ensemble de l'objet
4 Laissez sécher 24 h.

Jour 2

Répétez les étapes 2 et 3. Laissez sécher 24 h.

Jour 3

1 Mettez l'objet à four froid sur thermostat 150 °C. Comptez 45 minutes de cuisson
Dès la fin de la cuisson, éteignez le four et ouvrez la porte. Attendez environ 20 minutes que l'objet soit froid.
2 Délimitez les 3 zones du plateau. Pour cela, comptez 8 cm en partant de la gauche et marquez un repère au crayon blanc en haut et en bas. Tracez, toujours avec le crayon blanc, 2 lignes parallèles distantes de 0, 5 cm. Faites de même de l'autre côté.
3 Avec le cloisonné n°07, repassez sur les 4 lignes.
4 Laissez sécher 2 h.
5 Utilisez le tube cloisonné comme un stylo pour dessiner les spirales. Pour le placement, laissez libre cours à l'imagination ou suivez le modèle photographié.
6 Effectuez une cuisson comme indiqué précédemment.

Astuce

Faites tenir les bâtonnets d'encens grâce à un petit galet spécialement conçu pour cet usage. Si vous utilisez des cônes, ne les posez pas directement sur le plateau, mais sur un petit galet plat.

Set d'assiettes «Guerrier»

Envie de dîner à Abidjan et plus aucun billet d'avion pour ce soir...
Pas d'affolement. Sortez du placard ce set que n'auraient pas renié les ethnies baoulé ou dioula et préparez un foutou de bananes plantains...

étalée, croisée, cloisonné

5 h sur 5 jours

Matériel

- set d'assiettes : asassiette de présentation + assiette à dîner + assiette à dessert
- pots de peinture n°37, n°39, n°41 et n°43
- tubes de cloisonné n°06, n°08 et n°10
- tube de cloisonné Vitréa n°67
- pinceau plat
- pinceau rond
- plateau tournant
- alcool à 90°
- chiffon
- critérium
- cutter
- papier calque
- papier carbone à porcelaine
- ciseaux à ongles

Jour 1

La marche à suivre est la même pour chaque assiette. Réalisez les 3 assiettes en parallèle pour « optimiser » les temps de séchage et de cuisson.

1 Posez l'assiette sur le plateau tournant. Dégraissez-la à l'alcool et au chiffon.
2 Démarrez le travail du fond (bordure de l'assiette) avec le pinceau plat et la couleur n°41 en utilisant la technique croisée (p. 18).
3 Peignez toute la bordure en faisant tourner le plateau.
4 Réalisez le même travail sur les deux autres assiettes.
5 Laissez sécher 24 h.

Jour 2

Répétez les étapes 2 à 4 sur chaque assiette.

Jour 3

Répétez les étapes 2 à 4 sur chaque assiette.

Jour 4

1 À l'aide du cutter, procédez au nettoyage des bordures des assiettes (voir p. 26).
2 Mettez les assiettes à four froid sur thermostat 150° C. Comptez 45 minutes de cuisson.
3 Dès la fin de la cuisson, éteignez le four et ouvrez la porte. Attendez environ 20 minutes que les objets soient froids.

L'assiette de présentation

1 Décalquez le gabarit du bouclier (p. 129). À l'aide des ciseaux à ongles, évidez les motifs.

2 Reportez les contours du bouclier à l'aide du critérium, de part et d'autre de l'assiette.

3 Avec le pinceau rond, peignez le bouclier avec la couleur n°43.

4 Laissez sécher 3 h.

5 Repositionnez le pochoir et dessinez les formes intérieures du bouclier.

6 Posez la couleur n°37 à l'intérieur des dessins.

7 Laissez sécher 3 h.

8 Avec le cloisonné n°06, surlignez tous les dessins du bouclier.

9 Nettoyez le rebord de l'assiette.

10 Pour finir, posez des petits points noirs, toujours avec le cloisonné n°06, tout autour de l'assiette à la jonction intérieure de la bordure peinte et de la zone blanche.

11 Laissez sécher 24 h.

L'assiette à dîner

1 Décalquez le gabarit du masque (p. 129). Le découper.
2 Poser le calque sur le coté de l'assiette, le visage doit regarder vers l'extérieur de l'assiette.
3 Tracer les contours avec le critérium.
4 Avec le pinceau rond, posez la couleur n°39 à l'intérieur du visage.
5 Laissez sécher 3 h.
6 Avec les tubes de cloisonné, dessiner les détails du visage comme indiqué sur le gabarit : Vitréa n°67 pour le bandeau de cheveux ; n°08 pour les cheveux ; n°10 pour l'œil, les sourcils et la boucle d'oreille ; n°06 pour la bouche et l'oreille.
7 Pour finir, posez des petits points noirs tout autour de l'assiette à la jonction intérieure de la bordure peinte et de la zone blanche.
8 Répétez le dessin du masque, à l'identique, en face du premier.
9 Laissez sécher 24h.

L'assiette à dessert

1 Décalquer et découper le gabarit de la lance (p. 129).
2 Poser le calque sur le côté de l'assiette et tracer les contours avec le critérium.
3 Répéter le dessin de la lance, à l'identique, en face du premier.
4 Avec le pinceau rond, peindre l'intérieur de la lance avec la couleur n°39
5 Laissez sécher 3 heures.
6 Avec les tubes de cloisonné, terminer le décor : Vitréa n°67 pour les zigs zag à l'intérieur de la lance, cloisonné n°08, pour les contours du décor, cloisonné n°10 pour l'extérieur de la lance.
7 Enfin, poser des petits points noirs tout autour de l'assiette à la jonction intérieure de la bordure peinte et de la zone blanche.
8 Laissez sécher 24 h.

Jour 5

Faire une cuisson comme indiqué précédemment.

Porte-couteaux «Grigris»

Voilà de petits objets bien sympathiques ! C'est décoratif et en plus ça évite de salir votre nappe en lin couleur du temps.

☆ / **étalée**

15 minutes par porte-couteau sur 3 jours

Matériel

- portes-couteaux
- pot de peinture n°39
- pinceau rond n° 16
- plateau tournant
- alcool à 90°
- chiffon
- apprêts en os ou en corne
- tube de colle forte

Jour 1

1 Dégraissez les objets à l'alcool avec le chiffon.
2 Peignez le porte couteau en saisissant les extrémités entre le pouce et l'index. Démarrez le travail du fond avec la couleur n°39 en utilisant la technique étalée (p. 19).
3 Laissez sécher 5 h.
4 Peignez les extrémités.
5 Laissez sécher 24 h.

Jour 2

Répétez les étapes 2 à 4. Laissez sécher 24 h.

Jour 3

1 Mettez les objets à four froid sur thermostat 150 °C. Compter 45 minutes de cuisson. Dès la fin de la cuisson, éteindre le four et ouvrir la porte. Attendre environ 1 h que les objets soient froid.
2 Collez les apprêts avec la colle.

Ronds de serviette «Bogolan»

C'est rond et très mignon et on peur ranger sa serviette dedans ! C'est ? c'est ? .... Facile ! Mais tous les ronds de serviette ne sont pas aussi élégants que ce modèle, inspiré par les motifs géométriques que l'on retrouve souvent dans l'art textile africain.

☆☆ / étalée, cloisonné

30 min par rond de serviette sur 5 jours

Matériel

- ronds de serviette
- pots de peinture n°42 et n°45
- tubes de cloisonné n°06 et Vitréa 160 n°67
- pinceau rond
- plateau tournant
- alcool à 90°
- chiffon

Jour 1

1 Nettoyez les ronds de serviette à l'alcool avec le chiffon.
2 Placez l'index et le majeur de la main qui ne peint pas à l'intérieur du rond et tenez-les écartés afin de maintenir le rond pendant que vous le peignez.
3 Commencez par réaliser les fonds avec technique étalée (p. 19) : deux ronds blancs avec le pot n°45 et 2 ronds noirs avec la couleur n°42.
En effectuant une rotation de vos doigts (paume de votre main vers vous), on atteint toute la zone à couvrir.
4 Faites glisser délicatement le rond de serviette sur le plateau en resserrant légèrement les doigts.
5 Laissez sécher 5 h.
6 Reprenez les ronds comme indiqué précédemment. Avec le pinceau, en suivant les motifs de la p. 128, tracez en blanc ou en noir les lignes guides qui vont servir de base à l'apposition du décor qu'il faudra réaliser en cloisonné.
7 Laissez sécher 3 h au minimum.

Jour 2

1 Reprenez les ronds comme indiqué précédemment.
2 Avec les tubes de cloisonné, le n°06 sur les fonds blancs et le n°67 sur les fonds noirs, reproduisez à main levée les motifs en suivant scrupuleusement les motifs de la p. 128.
3 Réalisez ainsi les 4 ronds.
4 Laissez sécher 24 h.

Jour 3

Mettez les quatre pièces, debouts, à four froid sur thermostat 150 °C. Comptez 45 minutes de cuisson. Dès la fin de la cuisson, éteignez le four et ouvrez la porte. Attendez environ 20 minutes que les objets soient froids.

Set d'assiettes «Tribal»

Une fois que vous aurez réalisé ce superbe service,vous n'aurez plus besoin de vous creuser les méninges pour votre repas : même la plus plate des laitues y aura fière allure... et vous, vous pourrez poursuivre la lecture de votre roman jusqu'à l'heure du dîner. La vie est fantastique !

☆☆ ☆ / **étalée, croisée, cloisonné**

4 heures sur 3 jours

Matériel

- set d'assiette : assiette de présentation + assiette à dîner + assiette à dessert
- pots de peinture 150 n°41, n°42, n°43, n°47
- tubes de cloisonné n°10, n°06 et Vitréa 160 n°67
- pinceau plat
- pinceau rond
- plateau tournant
- feutre à porcelaine
- alcool à 90°
- chiffon
- cutter

Jour 1

1 Dégraissez les assiettes en les nettoyant à l'alcool et au chiffon.

2 Démarrez par les assiettes de présentation et dessert. Ces deux pièces sont réalisées en technique « touches » (p. 22). Réalisez les bordures avec les couleurs n°42, n°47 et n°43.

3 Laissez sécher le temps de réaliser l'assiette plate, soit environ 1 h.

4 Pendant ce temps, travaillez l'assiette à dîner. Peignez tout le fond avec le pinceau plat et la couleur n°43 en utilisant la technique croisée (p. 18).

5 Laissez sécher 24 h.

Jour 2

1 Répétez l'étape n°4.
2 Procédez au nettoyage de la bordure des assiettes (p. 26).
3 Mettez les assiettes à four froid sur thermostat 150 °C. Comptez 45 minutes de cuisson. Dès la fin de la cuisson, éteignez le four et ouvrez la porte. Attendez environ 20 minutes que les objets soient froids.
4 Avec le pinceau rond, dessinez à main levée (vous pouvez les tracer d'abord au feutre) des feuilles en vous inspirant des modèles p. 130 et dans l'esprit suivant : 3 grandes feuilles avec la couleur n°42, 3 groupes de 2 feuilles moyennes avec la couleur n°41, 4 petites feuilles avec la couleur n°47. Respectez l'enchaînement une grande, deux moyennes, une petite…
5 Effectuez une cuisson comme indiqué à l'étape n°3.
6 Procédez au sertissage avec les tubes de cloisonné comme suit : 3 grandes feuilles serties avec le cloisonné n°10, 3 groupes de deux feuilles moyennes serties en cloisonné n°06, 4 petites feuilles serties avec le cloisonné n°67.
7 Dans l'assiette de présentation et l'assiette à dessert, posez avec le cloisonné n°10 des petits points le long de la bordure, à la limite de la zone non peinte, et surlignez de façon aléatoire certaines « touches » d'un petit trait.
8 Laissez sécher l'ensemble 24 h.

Jour 3

Effectuez une cuisson des trois assiettes comme indiqué précédemment.

Inspiration orientale

Il faut bien avouer que nous n'avons pas eu à chercher beaucoup… Elle est en nous. Parfois très présente, parfois un peu plus lointaine. Les souks, c'est tout ce que nous adorons : on y chine des objets de tous âges, de toutes formes et de toutes couleurs, on y fait provision d'épices et on s'y enivre de parfums. Le motif Tatoo est né au retour d'un voyage en Turquie. En souvenir : un superbe tatouage sur une cheville. Et hop, il s'est retrouvé sur une théière.

Théière et sucrier «Aladin»

Pas besoin de sortir votre tenue de danseuse orientale. Une théière mâtinée d'or, un joli tatouage appliqué avec grâce, quelques feuilles de menthe et... vous êtes déjà loin, très loin...

☆ / croisée, cloisonné

2 heures sur 4 jours

Matériel

- théière ronde et son sucrier assorti
- pots de peinture n°44 et n°42
- tube de cloisonné n°06
- pinceau plat
- pinceau rond
- perles de verre
- tube de colle forte
- crayon papier
- papier-calque
- papier carbone pour porcelaine
- ruban adhésif
- plateau tournant
- alcool à 90°
- chiffon

Conseil

Si vous réalisez la théière en même temps que le sucrier, faites les fonds des objets parallèlement puis les décors.

Jour 1

1 Dégraissez les pièces en les nettoyant à l'alcool avec le chiffon.
2 Agitez le pot de peinture, débouchez-le. Trempez le pinceau dans la peinture restée dans le bouchon.
3 Plongez la main qui ne peint pas dans l'objet et retournez-le de façon à ce qu'il coiffe votre main.
4 Démarrez le travail du fond avec le pinceau plat et la couleur n°44 en utilisant la technique croisée (p. 18). Couvrez l'ensemble des objets, mais ne peignez pas l'anse de la théière et le bouton du couvercle.
5 Laissez sécher 6 h.
6 Avec la couleur n°42 et le pinceau rond, peignez l'anse de la théière et le bouton du couvercle.

Jour 2

Répétez deux fois les étapes 2 à 6 en respectant bien le temps de séchage entre chaque couche.

Jour 3

1 Mettez l'objet à four froid sur thermostat 150 °C. Comptez 45 minutes de cuisson. Dès la fin de la cuisson, éteignez le four et ouvrez la porte. Attendez environ 20 minutes que l'objet soit froid.

2 Décalquez le motif « tatouage » p. 131, puis positionnez le calque sur le papier carbone.

3 Maintenez le tout avec du ruban adhésif sur le flan de la théière, à droite ou à gauche de l'anse, en fonction du côté ou vous tiendrez l'anse pour servir.

4 Reportez le motif sur l'objet (flanc + couvercle) à l'aide du crayon à papier.

5 Repassez sur les motifs avec le tube de cloisonné n°06.

6 Procéder de même pour le sucrier.

7 Laissez sécher 24 h.

Jour 4

1 Effectuez une cuisson comme indiqué précédemment.

2 Coller les perles avec la colle forte en respectant bien le mode d'emploi du produit.

Bougeoirs «Tatoo»

Sachez que toute chose peut être considérée en fonction de l'énergie passive (le yin) ou de l'énergie active qu'elle dispense (le yang). Ainsi, se reposer est plus yin que travailler, mais plus yang que dormir... Donc, là, ce que vous aller faire c'est à la fois yin et yang...Vous me suivez ?

☆☆ / étalée, cloisonné

1 h 30 sur 5 jours

Matériel

- bougeoir rond en deux parties
- pots de peinture n°42, n°43
- tubes de cloisonné n°06, Vitréa 160 n°67
- pinceau rond
- crayon blanc
- critérium
- plateau tournant
- alcool à 90°
- chiffon
- perle de verre noire
- tube de colle forte

Jour 1

1 Nettoyez les deux pièces à l'alcool avec le chiffon.
2 Agitez les pots de peinture, débouchez-les. Trempez le pinceau dans la peinture restée dans le bouchon.
3 Démarrez le travail des fonds avec la couleur n°42 pour une partie et la couleur n°43 pour l'autre en utilisant la technique du pinceau étalé (p. 19).
4 Laisser sécher 24 h.

Jour 2

1 Peignez une seconde couche de fond.
2 Laisser sécher 24 h.

Jour 3

1 Mettez les deux pièces à four froid sur thermostat 150 °C. Comptez 45 minutes de cuisson. Dès la fin de la cuisson, éteignez le four et ouvrez la porte. Attendez environ 20 minutes que les objets soient froids.
2 Décalquez le motif « tatouage » p. 131 (moitié supérieure), puis positionnez le calque sur le papier carbone. Maintenez le tout avec du ruban adhésif sur la moitié blanche et reportez le motif sur l'objet à l'aide du crayon à papier.
3 Dessinez à main levée et au crayon blanc le motif de la moitié noire (p. 131, moitié inférieure).
4 Avec le cloisonné n°06, repassez le motif de la moitié au fond blanc ; faites de même avec le cloisonné Vitréa n°67 sur la moitié noire.
5 Laissez sécher 24 h.

Jour 4

1 Effectuez une cuisson comme indiqué précédemment.
2 Quand l'objet est bien froid, collez la perle sur la moitié blanche.

Assiettes «Punjab»

Le plus compliqué, une fois que vous aurez réalisé cette assiette, sera de choisir : crevette punjab ou agneau biriani ? Cheese nan ou samossa ? La vie vous demande parfois de faire des choix bien cruels.

☆☆☆ / **étalée, croisée, cloisonné**

3 h 30 sur 5 jours

Matériel

- set d'assiettes : assiette de présentation + assiette à dîner + assiette à dessert
- 1 pot de peinture n°14, n°31, n°33
- tubes de cloisonné n°08 et n°10
- pinceau plat
- pinceau rond
- perles de verre
- tube de colle forte
- plateau tournant
- alcool à 90°
- chiffon
- crayon à papier
- papier-calque
- papier carbone pour porcelaine

Jour 1

1 Posez l'objet sur le plateau. Dégraissez-le en le nettoyant à l'alcool et au chiffon.
2 Agitez le pot de peinture, débouchez-le. Trempez le pinceau dans la peinture restée dans le bouchon.
3 Démarrez le travail du fond de la bordure de l'assiette avec le pinceau plat et la couleur n°33 en utilisant la technique croisée (p. 18). Couvrez l'ensemble de la bordure en faisant tourner le plateau au fur et à mesure.
4 Travaillez les 2 autres assiettes à la suite de la même façon.
5 Laissez sécher 24 h.

Jour 2

Répétez les étapes 2 à 5.

Jour 3

1 Procédez au nettoyage du bord intérieur des assiettes (p. 26).
2 Mettez les assiettes à four froid sur thermostat 150 ° C
Attention, ne superposez pas vos pièces dans le four et éloignez-les de 4 cm les unes des autres. Comptez 45 minutes de cuisson.
3 Dès la fin de la cuisson, éteignez le four et ouvrez la porte. Attendez environ 20 minutes que les assiettes soient froides.

Assiette de présentation

1 Décalquez le motif en virgule p. 132.

2 Positionnez le calque sur le papier carbone. Maintenez le carbone sur le côté de l'assiette avec du ruban adhésif et reportez les contours du motif avec le crayon à papier.

3 Répétez l'opération sur le côté opposé.

4 Remplissez l'intérieur des motifs avec la couleur n°14.

5 Laissez sécher 24 h.

Assiette à dessert

1 Reprendre les étapes 1 à 4 de l'assiette de présentation (attention, la taille du motif change).

2 Laissez sécher 24 h.

Assiette à dîner

1 Décalquez le motif du médaillon « goutte » de la p. 132.

2 Positionnez le calque sur le papier carbone. Maintenez le carbone sur le coté de l'assiette et reportez les contours du motif avec le crayon à papier.

3 Répétez l'opération sur le côté opposé.

4 Peindre l'intérieur de la goutte avec la couleur n°14.

5 Peindre l'intérieur du médaillon avec la couleur n°31.

6 Laissez sécher 24 h.

Jour 4

Assiette de présentation

1 Avec le cloisonné n°08, repassez les contours du motif et posez une ligne de petits points tout autour du centre de l'assiette, à la limite de la bordure peinte et de la partie non peinte de l'assiette.

2 Laissez sécher 2 h.

3 Avec le cloisonné n°10, posez des petits points tout autour du motif et « remplissez » l'intérieur du même motif de petites « virgules » (p. 24).

4 Laissez sécher 24h

Assiette à dessert

1 Reprendre les étapes 1 à 3 de l'assiette de présentation.

2 Laissez sécher 24 h.

Assiette à dîner

1 Avec le cloisonné n°10, repassez les contours du motif.

2 Avec le cloisonné n°08, repassez le contour de la goutte et posez à l'intérieur de la goutte des petits points, toujours en en suivant le contour.

3 Laissez sécher 2 h.

4 Tracez des « virgules » à l'intérieur du médaillon avec le cloisonné n°10.

5 Avec le cloisonné n°08, posez une ligne de petits points tout autour du centre de l'assiette, à la limite de la bordure peinte et de la partie non peinte de l'assiette.

6 Laissez sécher 24 h.

Jour 5

1 Effectuez une cuisson comme indiqué précédemment.

2 Une fois l'assiette à dîner complètement froide, collez une perle de verre à l'intérieur de chaque médaillon.

Bouton de porte «Médaillon»

Il est des gestes qu'on fait tous les jours et qui sont si banals qu'on n'y prête plus guère attention. Tenez, ouvrir une porte par exemple ! Oui mais ça, c'était avant... Vous verrez : avec une poignée « home made », ouvrir vos portes, ça ne sera plus jamais pareil.

☆☆ / étalée, cloisonné

1 h 30 sur 4 jours

Matériel

- bouton de porte et son système de fixation
- pots de peinture n°13, n°26
- tubes de cloisonné n°08, n°10
- pinceau rond
- perle de verre
- feuille de papier Bristol
- ciseaux
- tube de colle forte
- alcool à 90°
- chiffon
- critérium

Jour 1

1 Tenez le bouton par sa partie métallique. Nettoyez-le à l'alcool avec le chiffon.
2 Agitez le pot de peinture, débouchez-le. Trempez le pinceau dans la peinture restée dans le bouchon.
3 Peignez l'ensemble du bouton avec la couleur n°26 (technique étalée, p. 19).
4 Laissez sécher 24h.

Jour 2

1 Peignez une seconde couche avec la couleur n°26.
2 Mettez l'objet à four froid sur thermostat 150 °C. Comptez 45 minutes de cuisson. Dès la fin de la cuisson, éteignez le four et ouvrez la porte. Attendez environ 20 minutes que l'objet soit froid.
3 Découpez dans la feuille de papier Bristol un losange de 2 cm de côté.
4 Positionnez le losange sur le bouton et tracez-en les contours à l'aide d'un critérium.
5 Peignez l'intérieur du losange avec la couleur n°13.
6 Laissez sécher 24 h.

Jour 3

1 Avec le cloisonné n°08, repassez les contours du losange et dessinez à l'intérieur un petit cercle au centre duquel la perle viendra se loger.
2 Avec le cloisonné n°10, posez une ligne de petits points tout autour du losange, puis autour du petit cercle.
3 Laissez sécher 24 h.

Jour 4

1 Effectuez une cuisson comme indiqué précédemment.
2 Quand l'objet est bien froid, collez la perle.

Ensemble pour salle de bains «Cashmere»

Ce bel ensemble se fondra dans la décoration de tous types de salle de bains. Il est à noter, pour bien faire les choses, que cette pompe à savon apprécie tout particulièrement les senteurs de jasmin. Voilà qui est dit !

☆☆ / étalée, cloisonné

1 h environ par objet sur 3 jours

Matériel

- pompe à savon
- boîte à coton
- pot
- petit plateau rectangulaire
- pots de peinture n°43, n°47
- tube de cloisonné Vitréa nacré n°67
- perles de verre nacré
- pinceau plat
- plateau tournant
- papier-calque
- papier carbone spécial porcelaine
- feutre à porcelaine
- règle
- ciseaux
- ruban adhésif
- tube de colle forte
- alcool à 90°
- chiffon
- critérium

Jour 1

1 Dégraissez les objets en les nettoyant à l'alcool avec le chiffon.
2 Pour le plateau, délimitez d'abord une bordure de 3, 5 cm en la traçant au feutre. Vous pouvez aussi vous aider d'un rectangle de papier plus petit que le plateau que vous poserez au centre pour en tracer les contours. Vous délimiterez ainsi la zone à peindre.
3 Remuez la peinture avec un petit bâton (type baguette chinoise). Rebouchez le pot, agitez-le, débouchez-le et trempez le pinceau dans la peinture restée dans le bouchon.
4 Démarrez le travail des fonds avec la couleur n°47 en utilisant la technique étalée (p. 19). Travaillez les fonds de tous les objets en même temps. Pour la boîte à coton, ne peignez pas le capuchon du couvercle.
5 Laissez sécher 24 h.

Jour 2

Répétez les étapes 4 et 5.

Jour 3

Répétez les étapes 4 et 5.

Jour 4

1 Mettez les quatre pièces à four froid sur thermostat 150 °C.
2 Comptez 45 minutes de cuisson.
3 Dès la fin de la cuisson, éteignez le four et ouvrez la porte. Attendez environ 20 minutes que les objets soient froids.

Pompe à savon et pot

Procédez de façon identique pour ces deux objets.

1 Décalquez le motif « virgule» p. 132, puis positionnez le calque sur le papier carbone.
2 Maintenez le tout avec du ruban adhésif sur un côté de l'objet.
3 Avec le critérium, repassez sur les contours du motif pour reporter le motif sur l'objet.
4 Avec le cloisonné, repassez sur les contours du motif, puis posez une ligne de petits points autour du motif.
5 Laissez sécher 2 h.
6 Remplissez l'intérieur du motif, avec des petites virgules (p. 24).
7 Laissez sécher 24 h

Boîte à coton

1 Décalquez le motif « goutte» p. 132, puis positionnez le calque sur le papier carbone.
2 Maintenez le tout avec du ruban adhésif sur un côté de l'objet.
3 Avec le critérium, repassez sur les contours du motif pour reporter le motif sur l'objet.
4 Avec le cloisonné, repassez le contour du médaillon et de la goutte et posez des petits points à l'intérieur de la goutte.
5 Laissez sécher 2 h.
6 Avec le cloisonné, remplissez le médaillon avec des petites virgules.

7 Peignez le bouton du couvercle avec la couleur n°43, puis, avec le cloisonné, posez une ligne de petits points.
8 Laissez sécher 24 h.

Plateau

1 Décalquez le motif « goutte» p. 132, puis positionnez le calque sur le papier carbone.
2 Posez en centrant le motif et maintenez le tout avec du ruban adhésif sur la bordure du plateau. Reportez le motif avec le critérium. Répétez l'opération sur le côté opposé.
3 Avec le cloisonné, repassez le contour des médaillons et des gouttes intérieures et posez des petits points à l'intérieur des gouttes.
4 Laissez sécher 2 h.
5 Toujours avec le cloisonné, remplissez les médaillons avec des petites virgules.
6 Posez au cloisonné une ligne de petits points à la limite de la bordure peinte et du fond blanc.
7 Laissez sécher 24 h.

Jour 5

1 Effectuez une cuisson comme indiqué précédemment.
2 Avec la colle forte, collez les perles à l'intérieur des motifs de la boîte à coton et du plateau une fois que les objets sont bien froids.

Inspiration végétale

Dans la nature, tout nous inspire : les fleurs, les feuilles, l'eau, les branches, l'herbe fraîche...
Sur ce thème, nos goûts s'opposent parfois, mais se complètent : l'une aime les grands motifs, les grosses fleurs, les pétales, les pistils, les superpositions de couleurs. L'autre est plutôt sensible à la finesse d'une branche nue, portant une unique feuille, deux à la limite, mais surtout pas plus ! Alors, nous faisons des concessions... Il ne manquerait plus qu'on se dispute pour un bambou !

Coupe «Fruits d'automne»

Un deux trois, nous irons au bois. Quatre cinq six, cueillir des cerises. Sept huit neuf, pour une jolie coupe… Ca ne rime pas du tout. Et puis, en automne, il n'y a plus de cerises depuis longtemps… Mais tant pis !

☆☆ / croisée, étalée, cloisonné

3 H 30 sur 5 jours

Matériel

- coupe à fruits à pied
- pots de peinture n°13, n°31, n°38 et n°39
- tubes de cloisonné n°06, n°08, n°10
- pinceau plat
- pinceau rond
- plateau tournant
- alcool à 90°
- chiffon

Jour 1

1 Dégraissez la coupe en la nettoyant à l'alcool avec le chiffon. Posez-la sur le plateau tournant.
2 Agitez le pot de couleur n°31, débouchez-le. Trempez le pinceau plat dans la peinture restée dans le bouchon.
3 Débutez le travail du fond en utilisant la technique croisée (p. 18). Couvrez ainsi tout l'intérieur de la coupe en la faisant tourner à l'aide du plateau.
4 Laissez sécher 6 h.
5 Retournez la coupe délicatement et peignez l'extérieur de la coupe, selon la même technique que l'intérieur, avec la couleur n°13. Au besoin, aidez-vous de la base du pied de la coupe pour la maintenir en y posant fermement votre index (celui de la main qui ne peint pas !) ou en y glissant votre main, si le pied est creux.
6 Laisser sécher 24 h.

Jour 2

Répétez les étapes 3 à 5 pour la deuxième couche du fond. Laissez sécher 24 h.

Jour 3

Répétez les étapes 3 à 5 pour la troisième couche du fond. Laissez sécher 24 h.

Jour 4

1 Mettez la coupe à four froid sur thermostat 150 °C. Comptez 45 minutes de cuisson. Dès la fin de la cuisson, éteignez le four et ouvrez la porte. Attendez environ 20 minutes que l'objet soit froid.

2 Inspirez-vous des motifs de la p. 130 – et librement ou en vous inspirant du modèle photographié pour le placement – pour peindre les feuilles à main levée avec le pinceau rond, selon les indications suivantes : les grandes feuilles avec la couleur n°13, les feuilles moyennes avec la couleur n°38 (groupe de deux ou trois feuilles), les petites feuilles avec la couleur n°39.

3 Laissez sécher 6 h. À cette étape, vous pouvez effectuer une cuisson si vous craignez de ne pas maîtriser le tracé avec le cloisonné.

4 Procédez au sertissage des feuilles avec le cloisonné selon les indications suivantes : les grandes feuilles avec le cloisonné n°08, les feuilles moyennes avec le cloisonné n°06, les petites feuilles avec le cloisonné n°10.

5 Laissez sécher 24 h.

Jour 5

Effectuez une cuisson comme indiqué précédemment.

Vase «Bambou»

Comme il y a des bambous peints dessus, du coup, on n'est pas obligé de mettre des fleurs dedans avant de le poser sur la table basse. Elle n'est pas belle la vie ?

☆☆ / croisée, étalée, cloisonné

1 h 30 sur 5 jours

Matériel

- vase rectangulaire
- pots de peinture n°34, n°39 et n°40
- tubes de cloisonné n°06 et n°10
- pinceau plat
- pinceau rond
- papier-calque
- papier carbone spécial porcelaine
- ruban adhésif
- alcool à 90°
- chiffon

Jour 1

1 Dégraissez le vase en le nettoyant à l'alcool avec le chiffon.
2 Agitez le pot de couleur n°34, débouchez-le. Trempez le pinceau plat dans la peinture restée dans le bouchon.
3 Plongez la main qui ne peint pas dans le vase et retournez-le de telle façon à ce qu'il coiffe votre main.
4 Démarrez le travail du fond en utilisant la technique croisée (p. 18). Couvrez l'ensemble de l'objet.
5 Laissez sécher 24 h.

Jour 2

1 Réalisez la seconde couche de fond.
2 Laissez sécher 24 h.

Jour 3

1 Réalisez la troisième couche de fond.
2 Laissez sécher 24 h.

Jour4

1 Mettez l'objet à four froid sur thermostat 150 °C. Comptez 45 minutes de cuisson. Dès la fin de la cuisson, éteignez le four et ouvrez la porte. Attendez environ 20 minutes que l'objet soit froid.
2 Décalquez le motif « Bamboo » p. 133, puis positionnez le calque sur le papier carbone.
3 Maintenez le tout avec du ruban adhésif sur le vase en positionnant le motif à environ 3,5 cm du bord.
4 Reportez le motif sur le vase à l'aide du crayon à papier.
5 Avec le pinceau rond, peignez l'intérieur des rectangles (technique étalée, p. 19) avec la couleur n°39.
6 Laissez sécher 6 h.
7 Avec le pinceau n°16 et la couleur n°40, peignez les feuilles.
8 Laissez sécher jusqu'au lendemain.

Jour 5

1 En suivant le motif de la page 133, délimitez les contours des rectangles de la tige en ne repassant qu'un ou deux côtés sur quatre avec le cloisonné n°06. Avec le cloisonné n°10, repassez sur un côté du contour des feuilles et dessinez la nervure centrale.
2 Effectuez une cuisson comme indiqué précédemment.

Plat «Double Bambou»

La réalisation de ce plat requiert certes de l'habileté mais… vous sentez que vous êtes doué ! Avec un peu de patience, sa réalisation deviendra un jeu d'enfant (surtout par rapport à celle des sushis – achetés chez le traiteur… – que vous allez y servir).

☆☆ croisée, étalée, cloisonné

2 h 30 sur 5 jours

Matériel
- plateau rectangulaire
- pots de peinture n°39, n°41 et n°47
- tubes de cloisonné n°06 et n°10
- pinceau plat
- pinceau rond
- feutre noir fin
- plateau tournant
- papier-calque
- papier carbone spécial porcelaine
- ruban adhésif
- alcool à 90°
- chiffon
- cutter

Jour 1

1 Dégraissez le vase en le nettoyant à l'alcool avec le chiffon.
2 Avec le feutre, délimitez sur le plateau une bordure d'environ 3,5 cm de large.
3 Agitez le pot de couleur n°41, débouchez-le. Trempez le pinceau plat dans la peinture restée dans le bouchon.
4 Posez l'objet sur le plateau et peignez la bordure en utilisant la technique croisée (p. 18).
5 Laissez sécher 24 h.

Jour 2

1 Peignez la deuxième couche de la bordure.
2 Laissez sécher 24 h.

Jour 3

1 Peignez la troisième couche de la bordure.
2 Laissez sécher 24 h.

Jour 4

1 Mettez l'objet à four froid sur thermostat 150 °C. Comptez 45 minutes de cuisson. Dès la fin de la cuisson, éteignez le four et ouvrez la porte. Attendez environ 20 minutes que l'objet soit froid.
2 Photocopiez pour le réduire au tiers le motif de la p. 133, décalquez-le puis positionnez le calque sur le papier carbone.
3 Maintenez le tout avec du ruban adhésif sur le vase en positionnant le motif au milieu de la bordure peinte et reportez-le à l'aide du crayon à papier.
4 Répétez l'opération en positionnant le motif à la limite de la bordure peinte.
5 Avec la couleur n°47, remplissez les rectangles de la tige à l'aide du pinceau rond (technique étalée, p. 19).
6 Laissez sécher 6 h.
7 Avec la couleur n°39, peignez les feuilles.
8 Laissez sécher 24 h.

Jour 5

1 En suivant le motif de la page 133, délimitez les contours des rectangles de la tige en ne repassant qu'un ou deux côtés sur quatre avec le cloisonné n°06. Avec le cloisonné n°10, repassez sur un côté du contour des feuilles et dessinez la nervure centrale, puis posez une ligne de petits points tout autour de la bordure, à la limite de la zone non peinte.
2 Effectuez une cuisson comme indiqué précédemment.

Soupière «Nymphéa»

Il est scientifiquement prouvé que manger de la soupe contribue à réduire... la quantité de vaisselle à faire. Forcement, on n'a qu'un bol à laver ! Mais bien sûr pour cela, encore faut-il avoir une soupière.

☆☆☆ / croisée, étalée, cloisonné

3 h sur 5 jours

Matériel

- soupière à anses
- pot de peinture n°04, n°12, n°47
- tube de cloisonné n°10
- pinceau plat
- pinceau rond
- feutre rouge spécial porcelaine
- plateau tournant
- papier-calque
- papier carbone spécial porcelaine
- ruban adhésif
- alcool à 90°
- chiffon

Jour 1

1 Dégraissez la soupière en la nettoyant à l'alcool avec le chiffon. Posez-la sur le plateau tournant.
2 Agitez le pot de couleur n°04, débouchez-le. Trempez le pinceau plat dans la peinture restée dans le bouchon.
3 Plongez la main qui ne peint pas à l'intérieur de la soupière afin de la maintenir bien en place. Démarrez le travail du fond en utilisant la technique croisée (p. 18). Couvrez l'ensemble de l'objet sans peindre les anses et le bouton du couvercle de la soupière.
4 Laissez sécher 24 h.

Jour 2

Répétez les étapes 2 à 4 pour la deuxième couche du fond.

Jour 3

Répétez les étapes 2 à 4 pour la troisième couche du fond.

Jour 4

1 Mettez l'objet à four froid sur thermostat 150 °C. Comptez 45 minutes de cuisson. Dès la fin de la cuisson, éteignez le four et ouvrez la porte. Attendez environ 20 minutes que l'objet soit froid.

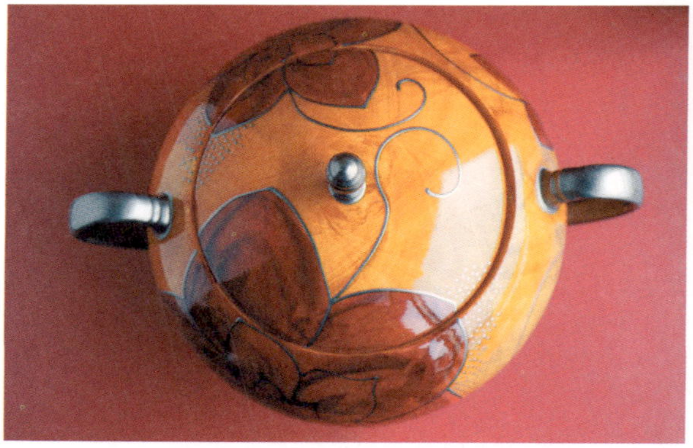

2 Posez la soupière sur le plateau tournant. Maintenez le couvercle et la soupière ensemble en les maintenant avec du ruban adhésif sur le côté opposé à celui qui va être décoré.
3 Avec le feutre rouge, sur les côtés et le couvercle de la soupière, reproduisez à main levée les fleurs et leurs « tiges » des motifs des p. 134 à 136.
4 Avec la couleur n°12 et le pinceau rond, peignez l'intérieur des pétales (technique étalée, p. 19).
5 Peignez les anses et le bouton du couvercle avec la couleur n°45.
6 Laissez sécher 6 h. À cette étape, vous pouvez effectuer une cuisson si vous craignez de ne pas maîtriser le tracé avec le cloisonné.
7 Avec le cloisonné n°10, repassez sur les contours des pétales et les « tiges ». Posez les petits points en suivant les motifs.
8 Laissez sécher 24 h.

Jour 5

Effectuez une cuisson comme indiqué précédemment.

Coupelles «Coroles»

Et vous qui cherchiez désespérément de jolies petites coupelles pour y présenter vos noix de cajou, vos pistaches et vos cacahouètes ! Encore une bonne raison de se réjouir à l'heure de l'apéro !

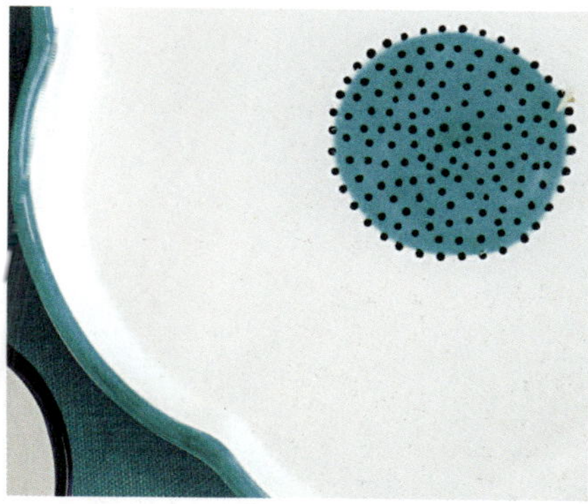

☆ à main levée

30 mn sur 2 jours

Matériel

- coupelles assorties de différentes tailles
- pots de peinture n°13, n°20 et n°26
- tube de cloisonné n°06
- pinceau rond
- plateau tournant
- alcool à 90°
- chiffon

La marche à suivre est la même pour les trois pièces. Utilisez les références de la façon suivante : grande coupelle : couleur n°13 ; coupelle moyenne : couleur n°20, petite coupelle : couleur n°26.

Jour 1

1 Posez la coupelle sur le plateau.
2 Dégraissez-la en la nettoyant à l'alcool avec le chiffon.
3 Agitez les pots de peinture, ouvrez-les. Vous tremperez le pinceau dans la peinture restée dans le bouchon.
4 Peignez un cercle au fond et au centre de la coupelle.
5 Posez le plat du pinceau sur le rebord de la coupelle et laissez le glisser en faisant tournez le plateau jusqu'à faire le tour complet de l'objet.
6 Laissez sécher 4 h.
7 Avec le cloisonné n°6, posez une ligne de petits points à l'intérieur du cercle.
8 Laissez sécher 24 h.

Jour 2

1 Mettez les pièces à four froid sur thermostat 150 °C en les espaçant suffisamment les unes des autres pour qu'elles ne s'entrechoquent pas.
2 Comptez 45 minutes de cuisson.
3 Dès la fin de la cuisson, éteignez le four et ouvrez la porte. Attendez environ 20 minutes que les pièces soient froides.

Coupes «Ratatouille»

Vous pensez que pour faire une bonne ratatouille il faut des aubergines, des tomates, des courgettes, une cuisson à petit feu...Tout cela n'est pas faux mais si je vous dis qu'on y rajoute un pinceau et une éponge ? Allez, on va au marché ...

éponge essuyée, étalée, cloisonné

3 h sur 3 jours

Matériel

- plat creux
- petites coupelles
- pots de peinture n°04, n°06, n°13, n°26, n°28, n°29
- tubes de cloisonné n°06 et Vitréa 160 n°65
- feutre à porcelaine
- pinceau rond
- plateau tournant
- papier-calque
- papier carbone spécial porcelaine
- ruban adhésif
- petit cube d'éponge
- alcool à 90°
- chiffon
- crayon à papier

La marche à suivre est la même pour les trois pièces. Utilisez les références de la façon suivante : pour l'aubergine : couleurs n°13 (aubergine) et n°26 (pédoncule et tour du plat); pour le piment: couleurs n°04 (piment), n°28 (pédoncule); pour les courgettes : couleurs n°28 (courgette), n°29 (pédoncule); pour les 3 pièces : cloisonné n°06 pour les légumes et n°65 pour les pédoncules.

Jour 1

1 Dégraissez les objets en les nettoyant avec l'alcool à 90° avec le chiffon.

2 Vous pouvez soit dessiner les légumes à main levée avec le feutre, soit décalquer les silhouettes de la p. 137 et les reporter dans les coupes (mais le support n'étant pas plat, cela n'est pas très aisé).

3 Agitez les pots de peinture, ouvrez-les. Vous tremperez le pinceau dans la peinture restée dans le bouchon.

4 En suivant les indications de couleurs indiquées ci-dessus, peignez l'intérieur des légumes, sans peindre les pédoncules, selon la technique étalée (p. 19).

5 Laissez sécher 2 h.

6 Toujours en suivant les indications de couleur, peignez l'intérieur des pédoncules selon

la même technique étalée.
7 À cette étape, vous pouvez effectuer une cuisson si vous craignez de ne pas maîtriser le tracé avec le cloisonné. Mettez les pièces à four froid sur thermostat 150 °C en les espaçant suffisamment les unes des autres pour qu'elles ne s'entrechoquent pas. Comptez 45 minutes de cuisson. Dès la fin de la cuisson, éteignez le four et ouvrez la porte. Attendez environ 20 minutes que les pièces soient froides.
Si vous n'effectuez pas de cuisson, laissez sécher 2h au minimum.
8 Repassez au cloisonné sur les contours des légumes et pédoncules en suivant les indications de couleur ci-dessus.
9 Laissez sécher 24 h.

Jour 2

1 Maintenez l'objet en appuyant au fond avec l'index.
2 Avec le cube d'éponge et la couleur n°26, posez un liseré de couleur tout autour du plat selon la technique de l'éponge essuyée (p. 21).
3 Laissez sécher 24 h.

Jour 3

Effectuez une cuisson comme indiqué précédemment.

Assiettes «Tutti Frutti»

Pour ce service à dessert, nous vous avons concocté une recette inratable : prenez deux brins d'humour, saupoudrez de fantaisie et d'une pointe de poésie, mélangez le tout et verser sur vos supports. Servez avec beaucoup de tendresse.

cloisonné,
éponge essuyée

2 h sur 2 jours

Matériel

- assiettes à dessert
- pot de peinture n°30
- tubes de cloisonné Vitréa 160 n°01, n°04, n°61, n°62, n°64 et n°65
- petit cube d'éponge
- feutre à porcelaine
- crayon à papier
- plateau tournant
- alcool à 90°
- chiffon

Jour 1

1 Nettoyez les assiettes avec l'alcool à 90° avec le chiffon.
2 Agitez le pot de couleur n°30, débouchez-le. Trempez le cube d'éponge dans la peinture restée dans le bouchon.
3 Avec la couleur n°30, peignez une bande verticale d'environ 2,5 cm de large à quelques centimètres du bord de chaque assiette (technique de l'éponge essuyée, p. 21).
4 Laissez sécher 3 h.
5 En vous inspirant des motifs de la p. 138, commencez par dessiner les fruits au feutre.
6 Repassez sur les dessins avec les cloisonnés adéquats : n°61 et n°62 pour l'orange ; n°64 et n°65 pour le raisin ; n°65 et n°01 pour l'ananas, ; n°65 et n°04 pour les cerises.
7 Laissez sécher 24 h.

Jour 2

1 Mettez les assiettes à four froid sur thermostat 170 °C.
2 Comptez 45 minutes de cuisson.
3 Dés la fin de la cuisson, éteignez le four et ouvrez la porte. Attendez environ 20 minutes que les objets soient froids.

Vase « Fleurs de cristal »

Vous pensez : « Un vase, c'est toujours utile ». Non ! Celui-ci est indispensable ! Noir donc sobre. Haut donc pratique. Perlé de cristal donc hyper chic.

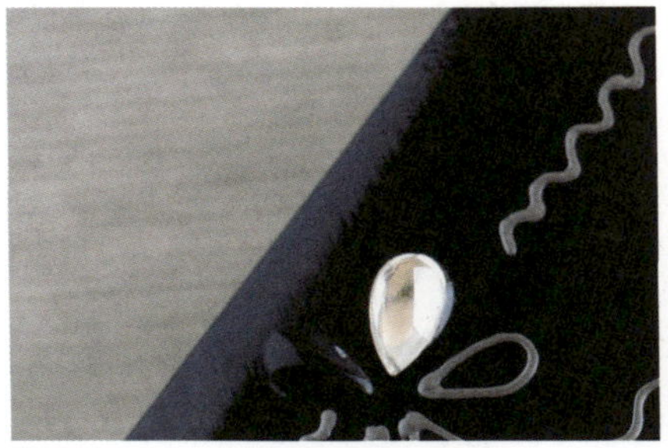

étalée, cloisonné

2 h 30 sur 5 jours

Matériel

- vase colonne
- pot de peinture n°42
- tube de cloisonné nacré n°10
- pinceau plat
- perles de verre
- tube de colle forte
- plateau tournant
- alcool à 90°
- chiffon

Jour 1

1 Posez le vase sur le plateau. Dégraissez-le en le nettoyant à l'alcool à 90° avec le chiffon.
2 Agitez le pot de couleur n°42, débouchez-le. Trempez le pinceau dans la peinture restée dans le bouchon.
3 Stabilisez le vase en glissant votre main (celle qui ne peint pas !) à l'intérieur.
4 Démarrez le travail du fond en utilisant la technique croisée (p. 18). Couvrez l'ensemble de l'objet en faisant tourner le plateau au fur et à mesure.
5 Laissez sécher 24 h.

Jour 2, 3 et 4

Renouveler les étapes 2 à 5 pour réaliser les deuxième, troisième et quatrième couches de fond.

Jour 5

1 Mettez l'objet à four froid sur thermostat 150 °C. Comptez 45 minutes de cuisson. Dès la fin de la cuisson, éteignez le four et ouvrez la porte. Attendez environ 20 minutes que l'objet soit froid.
2 Avec le cloisonné n°10, dessinez, en vous inspirant des motifs de la p. 139, trois tiges de hauteurs différentes. Dessinez 2 ou 3 pétales sur chaque tige en prévoyant l'emplacement des pétales de perle.
3 Effectuez une nouvelle cuisson.
4 Collez les perles de verre pour compléter les pétales manquants de chaque fleur.

Plat «Rose noire»

L'art déco vous connaissez ? Vous aimez ? Oui.....Et bien ce projet est pour vous ! Non ? Et bien comme ça vous connaîtrez !

☆☆ / étalée, cloisonné

2 h sur 2 jours

Matériel

- plat rond de 30 cm de diamètre
- pots de peinture Pébéo porcelaine 150 n°42, n°43 et n°44
- tubes de cloisonné n°06 et n°07
- pinceau rond
- papier-calque
- papier carbone spécial porcelaine
- ruban adhésif
- plateau tournant
- alcool à 90°
- chiffon

Jour 1

1 Dégraissez le plat en le nettoyant à l'alcool avec le chiffon.
2 Décalquez le gabarit de la rose p. 140 et placez-le sur votre feuille de carbone, face noire sur le support à décorer. Maintenez le tout sur le plat avec du ruban adhésif.
3 Avec un crayon à papier, repassez les contours et les pétales de la rose.
4 Agitez les pots de peinture avant toute utilisation. En suivant la technique étalée (p. 19), peignez la rose en suivant le modèle photographié.
5 Laissez sécher 24 h.

Jour 2

Répétez les étapes 4 et 5.

Jour 3

1 Repassez les contours du centre de la rose avec le cloisonné n°07 et ceux des pétales extérieurs avec le cloisonné n°06.
2 Laisser sécher 24 h.

Jour 4

1 Mettez l'objet à four froid sur thermostat 150 °C. Comptez 45 minutes de cuisson.
2 Dès la fin de la cuisson, éteignez le four et ouvrez la porte. Attendez environ 20 minutes que l'objet soit froid.

Vase «Coucher de soleil»

Plus un billet de disponible sur Japan Air Line ? Empruntez donc notre chemin pour apercevoir quand même ce coucher de soleil au Pays du soleil levant !

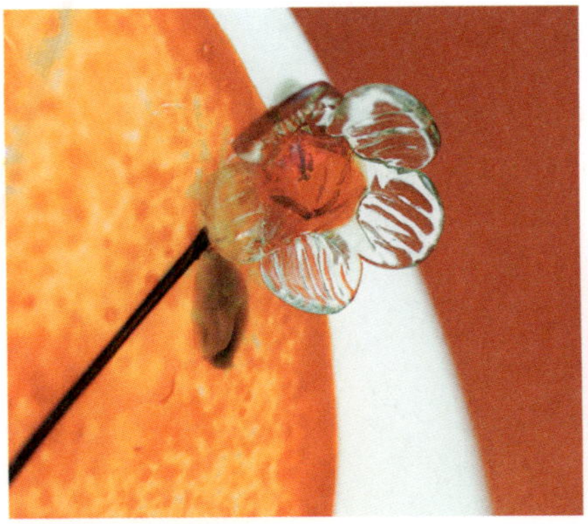

☆☆ main levée, éponge tamponnée, étalée

1 h 30 sur 2 jours

Matériel

- vase ovale un peu plat
- pots de peinture n°04, n°25
- tube de cloisonné n°06
- pinceau rond
- petit cube d'éponge
- papier-calque
- papier carbone spécial porcelaine
- crayon à papier
- fleurs en verre (5)
- tube de colle forte
- plateau tournant
- alcool à 90°
- chiffon

Jour 1

1 Dégraissez le vase en le nettoyant à l'alcool avec le chiffon.
2 Décalquez le motif de la p. 139, puis positionnez le calque sur le papier carbone.
3 Maintenez le tout avec du scotch sur le vase.
4 Reportez le cercle sur le vase à l'aide du crayon à papier.
5 Agitez le pot de couleur n°04. Débouchez-le et trempez l'éponge dans la peinture restée dans le couvercle.
6 Remplissez l'intérieur du cercle (technique de l'éponge tamponnée, p. 20).
7 Laisser sécher 24 h.

Jour 2

1 Mettez le vase à four froid sur thermostat 150 °C. Comptez 45 minutes de cuisson. Dès la fin de la cuisson, éteignez le four et ouvrez la porte. Attendez environ 20 minutes que le vase soit froid.
2 Repositionnez le calque et le papier carbone sur le vase pour y reporter le tracé des tiges et des feuilles.
3 Avec le cloisonné n°06, repassez sur le tracé des tiges.
4 Avec le pinceau et la couleur n°25, peignez les petites feuilles.
5 Laissez sécher 24 h.

Jour 3

1 Effectuez une nouvelle cuisson comme indiqué précédemment.
2 Collez les fleurs en verre aux emplacements prévus sur le modèle.

Inspiration ludique

Sur ce thème, franchement, nous n'avons aucun mérite : nous adorons toutes les deux les feutres, les crayons de couleurs, les bâtons de craie, les pastels et surtout, les bonbons, que nous dévorons sans scrupule pendant nos séances de travail. En ce qui nous concerne, ça améliore notre créativité ! Et, par dessus tout, les enfants sont pour nous et pour toujours une source d'inspiration inépuisable. Leurs rires, leur imaginaire, leurs jeux… Un puits sans fond qui ressemble à s'y méprendre à l'amour.

Cendrier «Clin d'œil à Pablo»

Ne vous sentez pas obligé de vous mettre à fumer si l'envie vous prend de réaliser ce projet. Vous pourrez utiliser ce cendrier comme un vide-poche… un « rien » toujours très utile pour y mettre pas grand-chose… Ça vous paraît étrange ? Peut-être un peu cubiste ? Hello Pablo !

cloisonné

1 h sur 1 journée

Matériel
- cendrier carré
- tubes de cloisonné n°06 et Vitréa 160 nacré n°61
- papier-calque
- papier carbone spécial porcelaine
- crayon à papier
- ruban adhésif
- plateau tournant
- alcool à 90°
- chiffon

1 Posez le cendrier sur le plateau tournant et dégraissez-le en le nettoyant à l'alcool avec le chiffon.

2 Décalquez le motif de la p. 141, puis positionnez le calque sur le papier carbone.

3 Maintenez le tout avec du ruban adhésif sur le cendrier en positionnant le motif bien au centre.

4 Reportez le motif à l'aide du crayon à papier.

5 Repassez les contours du dessin avec le cloisonné n°06. Terminez par la bouche avec le cloisonné n°61.

6 Laissez sécher 4 h.

7 Mettez l'objet à four froid sur thermostat 150 °C. Comptez 45 minutes de cuisson. Dés la fin de la cuisson, éteignez le four et ouvrez la porte. Attendez environ 20 minutes que l'objet soit froid.

Sel et poivre «Kiss»

Plutôt que de demander à votre Valentin « Tu me passes le sel ? » et de récupérer une vieille boîte bleue avec une baleine dessus, vous direz « Tu me passes le sel et poivre ? », et vous assaisonnerez vos tomates avec une mini-œuvre d'art !

☆ / cloisonné

30 min sur 1 jour

Matériel

- ensemble sel et poivre « cœur brisé »
- tubes de cloisonné n°02 et n°06
- feutre à porcelaine
- alcool à 90°
- chiffon

1 Dégraissez les objets en les nettoyant à l'alcool avec le chiffon.
2 Ôtez les capuchons de caoutchouc
3 En suivant le modèle de la p. 141, dessinez, au feutre, les détails des visages.
4 Avec le cloisonné n°06, repassez sur les cheveux, les nez, les yeux et les oreilles. Repasser les bouches avec le cloisonné n°02.
5 Laissez sécher 8 h.
6 Mettez les deux pièces à four froid sur thermostat 150 °C.
7 Comptez 45 minutes de cuisson.
8 Dès la fin de la cuisson, éteignez le four et ouvrez la porte.
9 Attendez environ 20 minutes que les objets soient froids.
10 Remettez les capuchons de caoutchouc.

Bocal «Spaghetti Party»

Hummmmmmm ! Alle vongole, al pesto, all' arabiata, mais surtout, surtout… Al dente ! Voilà, c'est tout ce qu'il vous faut maîtriser de langue étrangère pour réussir ce projet délicieusement italiano…

☆ / **éponge essuyée, cloisonné**

🕒 **2 h sur 2 jours**

Matériel

- bocal à spaghettis 30 cm de haut (vérifier que le pot tient bien debout dans le four)
- pot de peinture n°36
- tubes de cloisonné n°02 et n°06
- petit cube d'éponge
- feutre spécial porcelaine
- plateau tournant
- alcool à 90°
- chiffon

Jour 1

1 Dégraissez le bocal en le nettoyant à l'alcool avec le chiffon.
2 Couchez-le à l'horizontale de façon à avoir l'ouverture du pot à droite.
3 Agitez le flacon de couleur n°36, ouvrez-le et trempez le cube d'éponge dans la peinture qui se trouve dans le bouchon.
4 Tracez une bande d'environ 2 cm de large sur toute la longueur du pot (technique de l'éponge essuyée, p. 21).
5 À 3 cm au-dessus de la bande, écrivez au feutre, le mot « spaghetti », et avec le cloisonné n°06, repassez sur le mot en se servant du tube comme d'un stylo.
6 « Finissez » l'inscription en dessinant un petit ressort accroché à la lettre « i », puis repartez en arrière pour souligner l'inscription.
7 Remettez le pot à la verticale et écrire au feutre, à 3 cm de la base « al dente ».
8 Repassez le « al » avec cloisonné n°06 et « dente » avec le cloisonné n°02. Faites le point sur le « i ».
9 Terminez avec le cloisonné n°02 en dessinant un nœud qui entoure la bande de spaghetti à 6 cm de la base du pot.
10 Laissez sécher 24 h.

Jour 2

1 Mettez l'objet à four froid sur thermostat 150 °C, sans son couvercle métal.
2 Comptez 45 minutes de cuisson. Dès la fin de la cuisson, éteingnez le four et ouvrez la porte.
3 Attendez environ 20 minutes que l'objet soit froid.

SASHA

Assiette «Enfant gâté»

Un projet haut en couleurs qui en met plein les yeux. À vous de créer votre gamme et de laisser s'exprimer votre goût, forcément très sûr !

pinceau étalé, cloisonné

2 h sur 2 jours

Matériel

- assiette creuse
- tubes de cloisonné de votre choix
- pots de peinture de votre choix
- pinceau rond
- feutre à porcelaine
- soucoupe de tasse à café
- plateau tournant
- alcool à 90°
- chiffon

Jour 1

1 Dégraissez l'assiette en la nettoyant à l'alcool avec le chiffon. Posez-la sur le plateau.
2 Délimitez le fond de l'assiette en posant à l'intérieur une soucoupe de tasse à café et en en traçant les contours au feutre.
3 Agitez les pots de peinture, débouchez-les. Trempez le pinceau dans la peinture restée dans le bouchon.
4 Tracez au pinceau dans les couleurs de votre choix les lettres formant le prénom choisi en suivant l'arrondi de l'assiette. Faites des lettres assez épaisses.
5 Laissez sécher 3 h.
6 Sertissez chaque lettre avec une technique de cloisonné différente : petits points, points sellier (voir p. 24).
7 Si la lettre s'y prête (un A par exemple), décorez-en l'intérieur avec de petits cercles, des petites virgules ou des petites spirales (voir p. 24).
8 Repassez le tracé du fond de l'assiette avec le cloisonné de votre choix.
9 Terminez en dessinant au cloisonné des fleurs, des papillons, ou tout autre motif de votre choix.
10 Laissez sécher 24 h.

Jour 2

1 Mettez l'objet à four froid sur thermostat 150 °C.
2 Comptez 45 minutes de cuisson.
3 Dès la fin de la cuisson, éteignez le four et ouvrez la porte.
4 Attendez environ 20 minutes que l'objet soit bien froid.

Plat «Message personnel»

Vous savez écrire ? Génial ! Passons à l'étape suivante. « Happy birthday », pourquoi pas... Mais « Bon appétit », « Finis ton assiette » ou bien « On t'aime tonton », ça marche aussi !

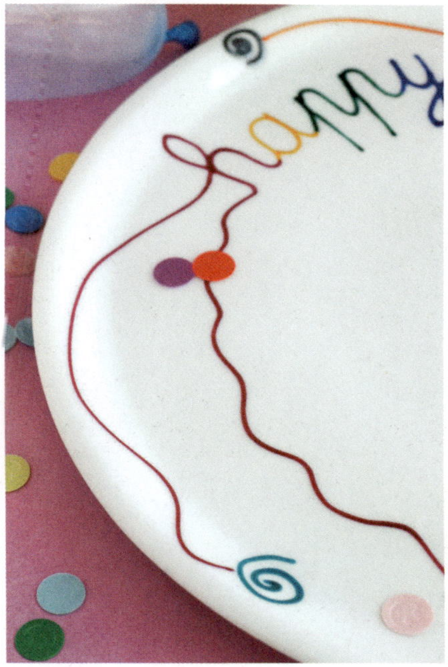

☆ / cloisonné

2 h sur 2 jours

Matériel

- grand plat (type plat à tarte)
- tubes de cloisonné n°03, n°10, Vitréa 160 n°61, n°62, n°64, n°65
- assiette à dessert
- feutre à porcelaine
- coton-tige
- plateau tournant
- alcool à 90°
- chiffon

Jour 1

1 Dégraissez le plat en le nettoyant à l'alcool avec le chiffon. Posez le plat sur le plateau.
2 Tracez un cercle au centre du plat en posant une assiette à dessert à l'intérieur du plat et en repassant le contour avec le feutre.
3 Écrivez le message avec le feutre.
4 Repassez chaque lettre avec du cloisonné en alternant les couleurs selon votre goût. Vous pouvez « fignoler » certaines lettres par de petites vagues ou des petits escargots, étoiles…
5 Laissez sécher 24 h.

Jour 2

1 Nettoyez les traces de feutre au coton-tige.
2 Mettez l'objet à four froid sur thermostat 150 °C.
3 Comptez 45 minutes de cuisson.
4 Dès la fin de la cuisson, éteindre le four et ouvrir la porte.
5 Attendre environ 20 minutes que l'objet soit froid.

Gobelets «Bayadère»

Trop facile… des rayures de toutes les couleurs, à assortir à vos murs, vos petites cuillères ou vos espadrilles ! Après, vous en ferez ce que vous voudrez…

éponge essuyée

1 h sur 1 journée

Matériel

- gobelets
- pots de peinture n°04, n°06, n°11, n°14 n°20 et n°29
- petit cube d'éponge
- plateau tournant
- alcool à 90°
- chiffon

Le gobelet bleu se travaille avec les peintures n°20, n°29 et n°14, le gobelet rouge avec les peintures n°04, n°06 et n°11.

1 Dégraissez les gobelets à l'alcool avec le chiffon.
2 Agitez le pot de peinture de la couleur avec laquelle vous allez commencer. Trempez le cube d'éponge, humide mais bien essoré, dans le couvercle du pot.
3 Mettez votre main dans le gobelet, retournez-le et passez l'éponge de haut en bas en traçant quatre rayures qui diviseront le pot en quarts.
4 Changez de couleur et renouvelez l'opération.
5 Terminez en traçant des rayures plus fines dans la troisième couleur en utilisant l'arête de l'éponge.
6 Laissez sécher 3 h.
7 Nettoyez l'intérieur des gobelets si nécessaire.
8 Mettez les gobelets à four froid sur thermostat 150 °C. Comptez 45 minutes de cuisson. Dès la fin de la cuisson, éteignez le four et ouvrez la porte. Attendez environ 20 minutes que les objets soient froids.

Mug « Mouton »

Dès que votre copine Charlotte vous annoncera qu'elle attend son petit cinquième, au travail ! Ce projet est un peu long à réaliser, mais quelle fierté quand vous verrez la petite Sasha siroter sa grenadine dans « votre » création !

☆☆ / **étalée, cloisonné**

2 h 30 sur 2 jours

Matériel

- mug
- pots de peinture n°14, n°17, n°26, n°36, n°42, n°43
- tubes de cloisonné n°06, n°07 et n°08
- pinceau rond pointu n°16
- feutre pour porcelaine
- coton-tige
- plateau tournant
- alcool à 90°
- chiffon

Jour 1

1 Dégraissez le mug à l'alcool à 90° avec le chiffon.
2 En suivant le modèle de la p.142, dessinez le mouton à main levée, avec le feutre.
3 En tenant le mug par l'anse, peignez avec la couleur n°36 l'intérieur du mouton (technique étalée, p. 19).
4 Laissez sécher 3 h.
5 Repassez sur les contours du mouton avec le cloisonné n°07 et dessinez les « boucles » de sa toison.
6 Avec le pinceau, en suivant le modèle, peignez les yeux avec les couleurs n°42 et n°43.
7 Avec le cloisonné n°06, dessinez le museau, la fente des pattes et l'intérieur des oreilles.
8 Glissez la main qui ne peint pas dans le mug et, en partant de sa base, peignez l'herbe au pinceau fin avec la couleur n°26 tout autour du mug sur environ 3 cm de haut et entre les pattes du mouton.
9 Peignez le ciel, au pinceau étalé, avec la couleur n°17. Laissez sécher 2 h.
10 Glissez à nouveau votre main dans le mug et peignez l'anse avec la couleur n°14. Laissez sécher 2 h.
11 Avec le tube de cloisonné n°08, écrire le prénom de l'enfant sur l'anse. Laissez sécher 24 h.

Jour 2

1 Mettez le mug à four froid sur thermostat 150 °C.
2 Comptez 45 minutes de cuisson. Dès la fin de la cuisson, éteignez le four et ouvrez la porte.
3 Attendez environ 20 minutes que le mug soit froid.

Bols «Gommettes»

Curieusement, on garde parfois plus de souvenirs de ses années de maternelle que de ses longues années d'études. C'est très inquiétant… Mais nous ne sommes pas là pour nous lamenter, et la bonne nouvelle, c'est que, du coup, nous savons tous coller des gommettes !

☆ / **éponge tamponnée, cloisonné**

1 h par pièce sur 4 jours

Matériel

- petits bols
- pots de peinture n°23, n°25, n°29 et n°40
- tube de cloisonné n°06
- gommettes rondes de 1 cm de diamètre
- petit cube d'éponge
- plateau tournant
- alcool à 90°
- chiffon

Jour 1

1 Nettoyez les bols à l'alcool avec le chiffon.
2 Collez une dizaine de gommettes sur chaque bol en les plaçant de façon aléatoire.
3 Agitez le pot de peinture choisi, ouvrez-le et trempez votre petit cube d'éponge dans la peinture restée dans le bouchon.
4 Tamponnez sur toute la surface du bol (technique de l'éponge tamponnée, p. 20).
5 Réaliser ainsi les 3 autres bols.
6 Laissez sécher 3 h.
7 Décollez délicatement les gommettes avec votre ongle en faisant attention à ne pas gratter la peinture.
8 Sertissez les petits cercles blancs avec le cloisonné n°06 selon le motif de votre choix (p. 24) : des petits points, des points sellier, des spirales…
9 Laissez sécher 24 h.

Jour 2

1 Mettez les bols à four froid sur thermostat 150 °C.
2 Comptez 45 minutes de cuisson.
3 Dès la fin de la cuisson, éteignez le four et ouvrez la porte.
4 Attendez environ 20 minutes que les objets soient froids.

Boîtes à dragées «Boy meets Girl»

Le problème avec ce projet, c'est que si vous êtes doué, tous les futurs parents de votre entourage vont vous tomber dessus à bras raccourcis : « Dis, tu me feras les boîtes à dragées du baptême de Lili ? Allez, il ne m'en faut que quatre-vingts … » On vous aura prévenu….

☆ / cloisonné

10 mn par boîte
sur 1 journée

Matériel

- petites boîtes rondes, ovales, en forme de cœur…
- tubes de cloisonné Vitréa 160 n°61, n°64, n°65, n°67
- tubes de cloisonné Porcelaine 150 n°03, n°07, n°10
- feutre à porcelaine
- plateau tournant
- alcool à 90°
- chiffon

Jour 1

1 Dégraissez les boîtes à l'alcool avec le chiffon.
2 Sur le couvercle, reproduisez à main levée, au feutre, les modèles de la p. 142.
3 Repassez avec les tubes de cloisonné comme suit :
Pour le modèle « Boy » : la couronne avec le n°10, BOY avec le cloisonné Vitréa n°64 et la paire de chaussettes avec le cloisonné Vitréa n°65.
Pour le modèle « Girl » : la couronne avec le cloisonné n°07, GIRL avec le cloisonné n°03 , et la paire de chaussettes avec le cloisonné n°03 et le cloisonné Vitréa n°65 pour la dentelle.
Pour le modèle « Berceau » : au choix, utilisez le tube de cloisonné rose n°03 ou le cloisonné Vitréa bleu n°64 et pour la dentelle, le Vitréa n°61.
4 Laissez sécher 24 h.

Jour 2

1 Mettez les boîtes à four froid sur thermostat 150 °C. Comptez 45 minutes de cuisson.
2 Dès la fin de la cuisson, éteignez le four et ouvrez la porte. Attendez environ 20 minutes que les objets soient froids.

Pot «Petit écolier»

Un joli pot à crayons avec des crayons dessinés dessus pour le bureau de Théo, c'est original ! Mais ce sera encore plus rigolo si vous y faites pousser des haricots… Si, si ! C'est possible.

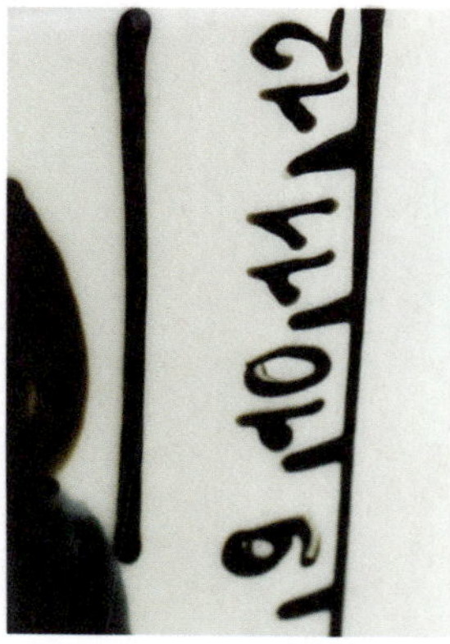

☆☆ / **pinceau étalé, cloisonné**

1 h 30 sur 2 jours

Matériel

- gobelet conique
- pots de peinture n°4, n°11, n°14, n°21, n°34, n°36, n°41, n°43
- tube de cloisonné n°06 ou feutre à porcelaine noir
- pinceau rond
- plateau tournant
- alcool à 90°
- chiffon

Jour 1

1 Posez l'objet sur le plateau. Dégraissez-le en le nettoyant à l'alcool avec le chiffon.
2 Agitez les pots de peinture avant toute utilisation et trempez le pinceau dans la peinture restée dans le bouchon.
3 Peignez 14 grosses rayures en alternant les couleurs en en variant les largeurs et les hauteurs, et en prévoyant 3 bandes plus étroites pour les pinceaux. Terminez en traçant une rayure blanche (couleur n°43) plus large pour la règle.
4 Avec le pinceau fin n°4 et la couleur n°64, peignez la mine des crayons en formant un petit triangle au dessus de chaque rayure.
5 Avec l'aplat du pinceau et la couleur n°39, peignez la brosse des pinceaux.
6 Posez à l'intérieur de chaque mine la couleur assortie au crayon.
7 Finissez en traçant avec le cloisonné, ou avec un feutre à porcelaine noir, les chiffres et les graduations de la règle.
8 Laissez sécher 24 h.

Jour 2

1 Mettez l'objet à four froid sur thermostat 150 °C. Comptez 45 minutes de cuisson.
2 Dès la fin de la cuisson, éteignez le four et ouvrez la porte. Attendez environ 20 minutes que l'objet soit froid.

Mini-coupes «Zoonimaux»

Quand Maya et Luna vont au zoo, elles adorent y faire un pique-nique ! Foin des gobelets en plastique, elle n'oublient jamais d'emporter avec elles ces mini-coupes… C'est tellement chic ! Et là, ça rime…

☆ / **éponge tamponnée, cloisonné**

20 min par gobelet sur 2 jours

Matériel

- mini-gobelets
- pots de peinture n°04, n°08, n°16, n°20 et n°36
- tubes de cloisonné n°01, n°02, n°04, n°06 et n°07
- gommettes représentant des personnages ou des animaux
- petit cube d'éponge
- plateau tournant
- alcool à 90°
- chiffon

Jour 1

1 Dégraissez les gobelets en les nettoyant à l'alcool avec le chiffon.
2 Collez les gommettes sur les gobelets.
3 Agitez le pot de peinture choisi pour faire le fond du gobelet, ouvrez-le et trempez votre petit cube d'éponge dans la peinture qui est restée dans le bouchon.
4 Tamponnez le gobelet jusqu'à ce que vous couvriez toute la surface. Travaillez ainsi tous les gobelets en utilisant une couleur différente par gobelet.
5 Laissez sécher 3 h.
6 Décollez délicatement les gommettes avec l'ongle en faisant attention à ne pas gratter la peinture.
7 Finalisez les personnages en dessinant les détails avec les tubes de cloisonné dans une couleur assortie et en variant les techniques (voir p. 24).
8 Laissez sécher 24 h.

Jour 2

1 Mettez les bols à four froid sur thermostat 150 °C. Comptez 45 minutes de cuisson.
2 Dès la fin de la cuisson, éteignez le four et ouvrez la porte. Attendez environ 20 minutes que les objets soient froids.

Bol «Milk»

Pourquoi un bol marqué MILK ? Pour y boire son lait, bien sûr ! Cependant, nous avons nous-mêmes un excellent ami à l'esprit très contradictoire qui y a bu son café pendant des années sans être inquiété en quoi que ce fut. Comme quoi, l'abus de fantaisie ne nuit pas !

feutre à porcelaine

30 min sur 2 jours

Matériel

- bol à déjeuner
- feutres à porcelaine : un noir et un rouge
- plateau tournant
- alcool à 90°
- chiffon

Jour 1

1 Dégraissez le bol en le nettoyant à l'alcool avec le chiffon.
2 En prenant modèle sur le projet photographié, tracez les lettres « M I L K » avec le feutre noir et le point d'exclamation en rouge au trait plus ou moins épais, selon votre goût.
3 Dessinez les taches et la tête de la vache.
4 Laissez sécher 12 h.

Jour 2

1 Mettez l'objet à four froid sur thermostat 170 °C. Comptez 30 minutes de cuisson.
2 Dès la fin de la cuisson, éteignez le four et ouvrez la porte. Attendez environ 20 minutes que l'objet soit froid.

Pot de miel «Maya»

Bzzzz !! Cette abeille là ne pique pas. Elle est toute mimi et s'envole sur un fond bleu azur. Une bonne occasion pour faire participer les enfants à vos élans créatifs.

☆ / étalée, cloisonné, éponge tamponnée

1 h sur 2 jours

Matériel

- pot de confiture blanc
- pot de peinture n°23, n°36, n°39 et n°45
- tube de cloisonné n°06
- gommettes rondes de trois tailles différentes
- petit cube d'éponge
- pinceau rond
- alcool à 90°
- chiffon

Jour 1

1 Nettoyez le pot à l'alcool avec le chiffon.

2 Collez les gommettes pour réaliser la forme de l'abeille : le corps, la tête et les deux ailes.

3 Agitez le pot de peinture n° 23 et ouvrez-le. Trempez le cube d'éponge dans la peinture restée dans le couvercle.

4 Tamponnez toute la surface du pot.

5 Laissez sécher 3 h.

6 Retirez délicatement les gommettes. Peignez le corps de l'abeille avec la technique étalée (p. 19) en alternant les couleurs n°39 et n°36. Peignez la tête avec la couleur n°36. Peignez les ailes avec la couleur n°45.

7 Agrémentez le fond de petits nuages avec la couleur n°43.

8 Laissez sécher 3 h

9 Avec le cloisonné n°06, dessinez les pattes, les yeux, les antennes et la bouche. Laissez sécher 24 h.

Jour 2

Mettez l'objet à four froid sur thermostat 150 °C. Comptez 30 minutes de cuisson. Dès la fin de la cuisson, éteignez le four et ouvrez la porte. Attendez environ 20 minutes que l'objet soit froid.

Modèles et gabarits

Tasses à café
« Totem »

Ronds de serviette « Bogolan »

1
fond blanc,
bande noire décorée
avec cloisonné blanc

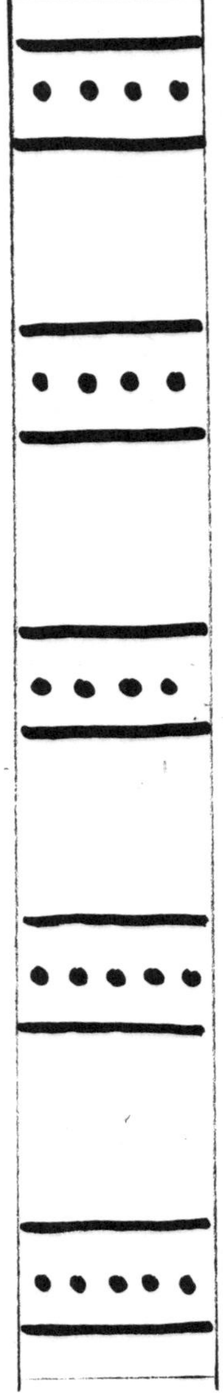

2
fond noir,
bande blanche décorée
avec cloisonné noir

3
fond blanc,
dessin noir décoré
avec cloisonné blanc

4
fond noir,
bande blanche décoré
avec cloisonné noir

Assiettes « Guerrier »

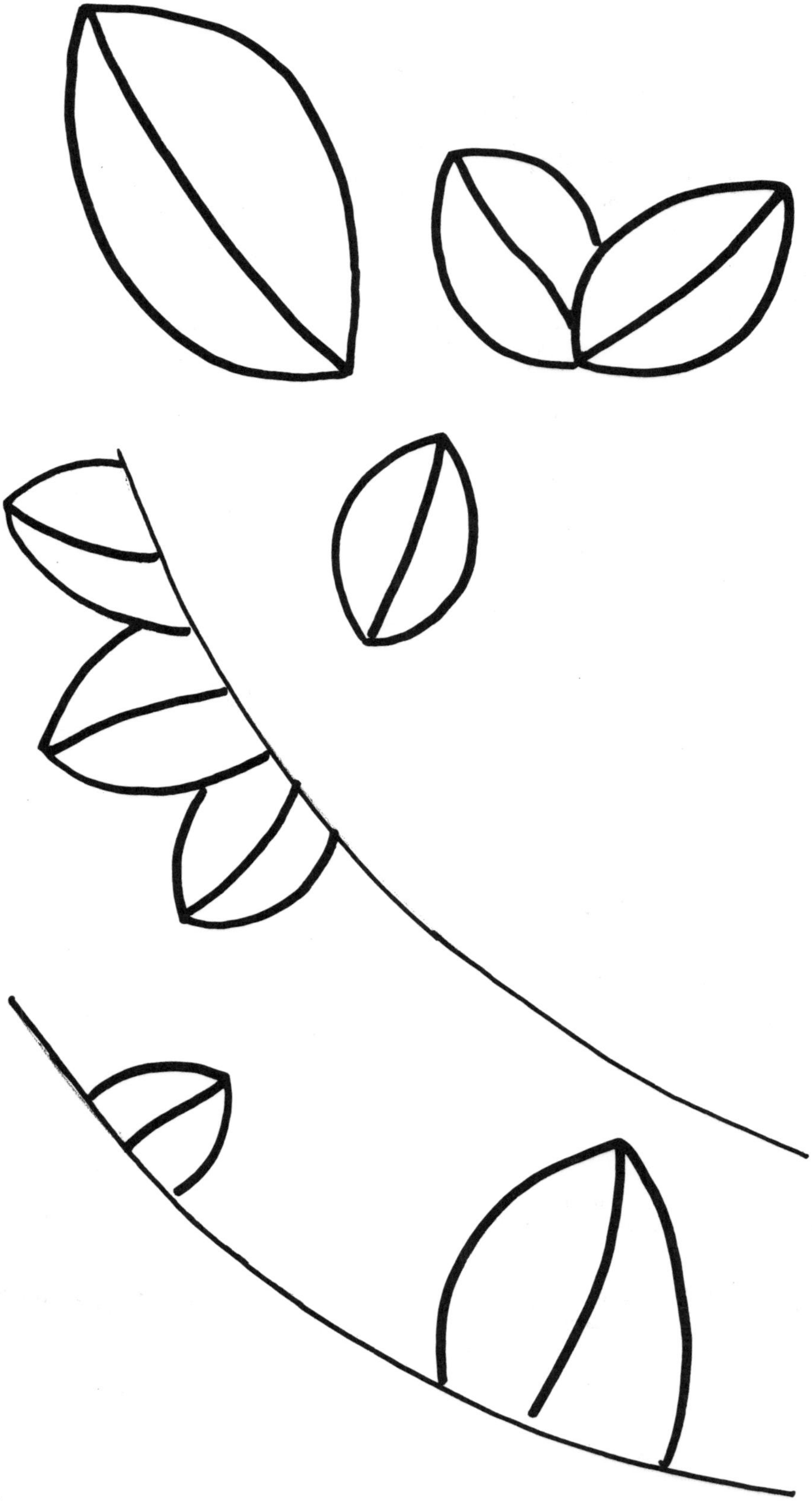

Bougeoirs « Tatoo »

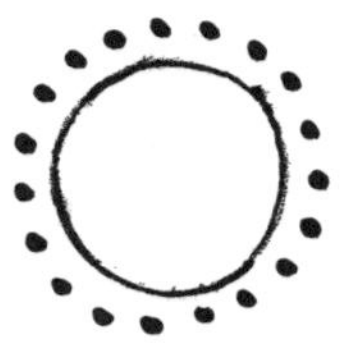

Theière et sucrier « Aladin »

Assiettes « Punjab » et ensemble « Cashmere »

Assiette de présentation

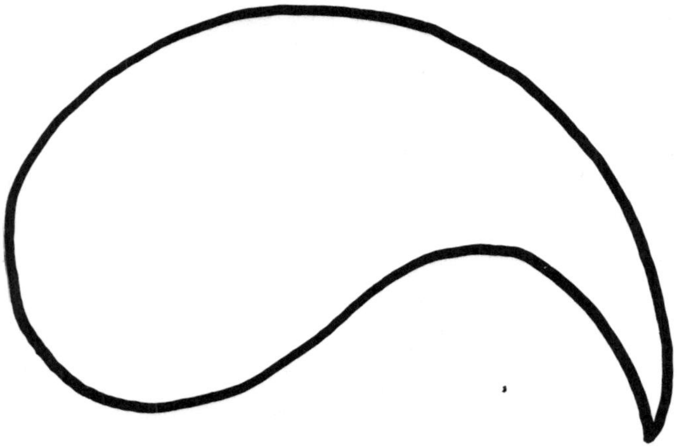

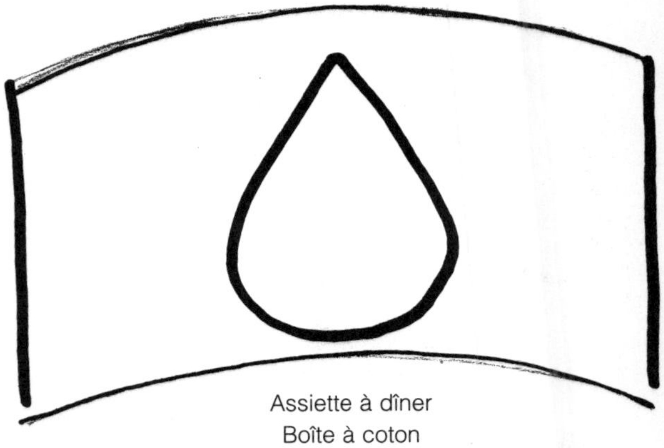

Assiette à dîner
Boîte à coton

Assiette à dessert
Pompe à savon
Gobelet carré

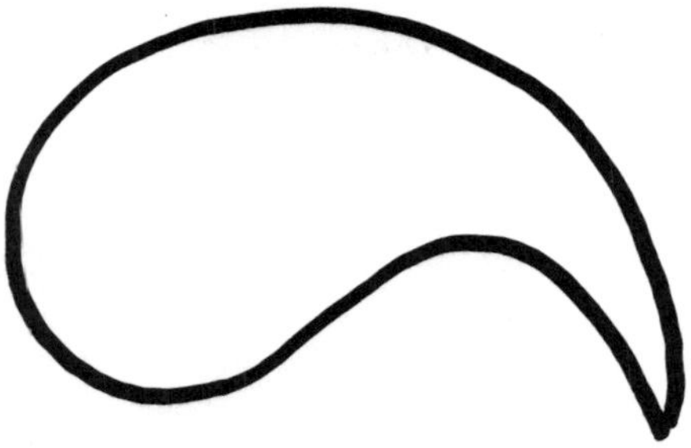

Plateau de salle de bain

Bouton de porte

Bouton de porte 2 x

Vase « Bambou » et plat « Double Bambou »

1

2

1 Peinture
2 Cloisonné
Pour le plat, réduire le motif au tiers.

Soupière « Nymphéa »

Couvercle

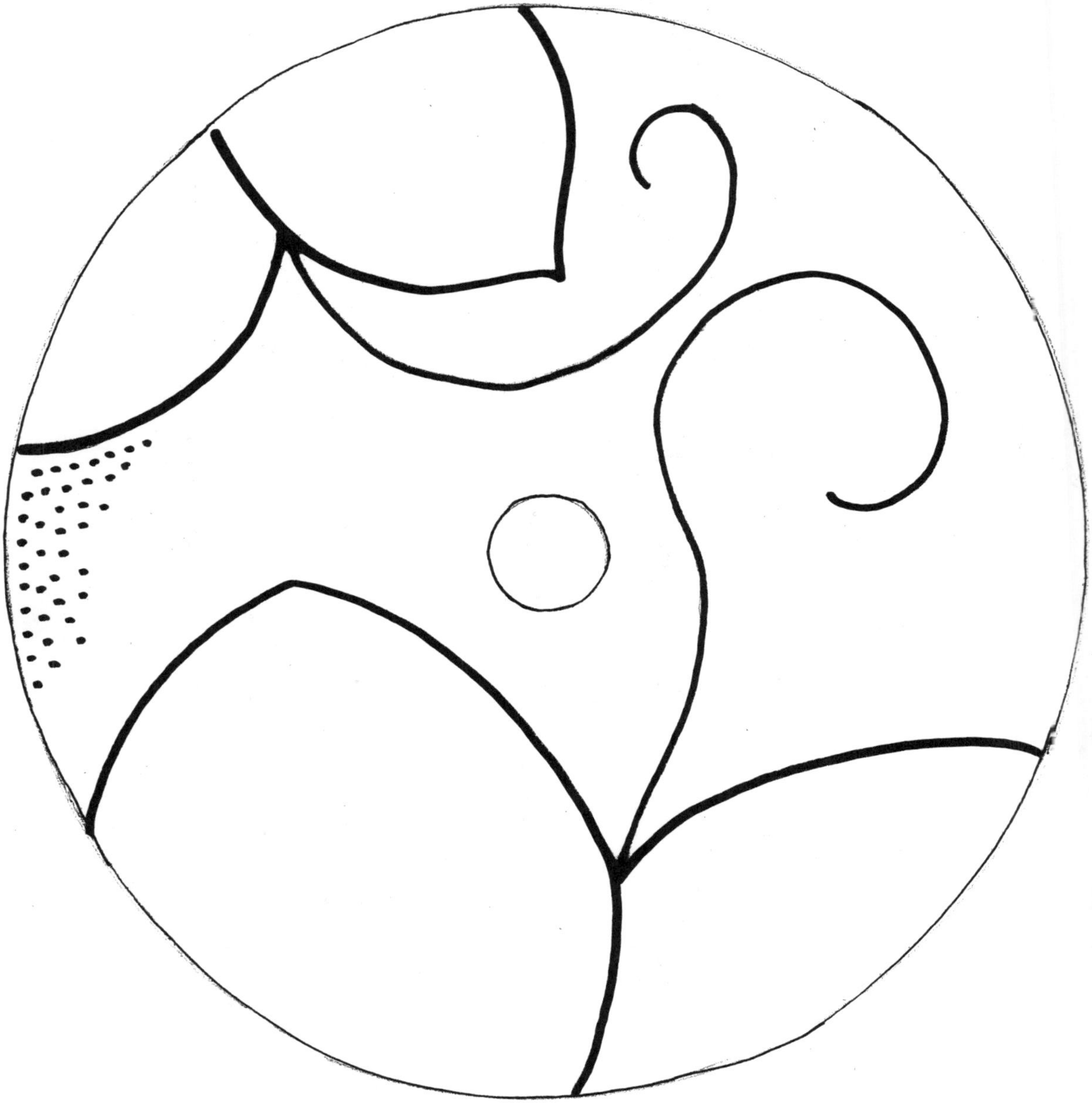

Devant

Soupière « Nymphéa »

Dos

Coupes « Ratatouille »

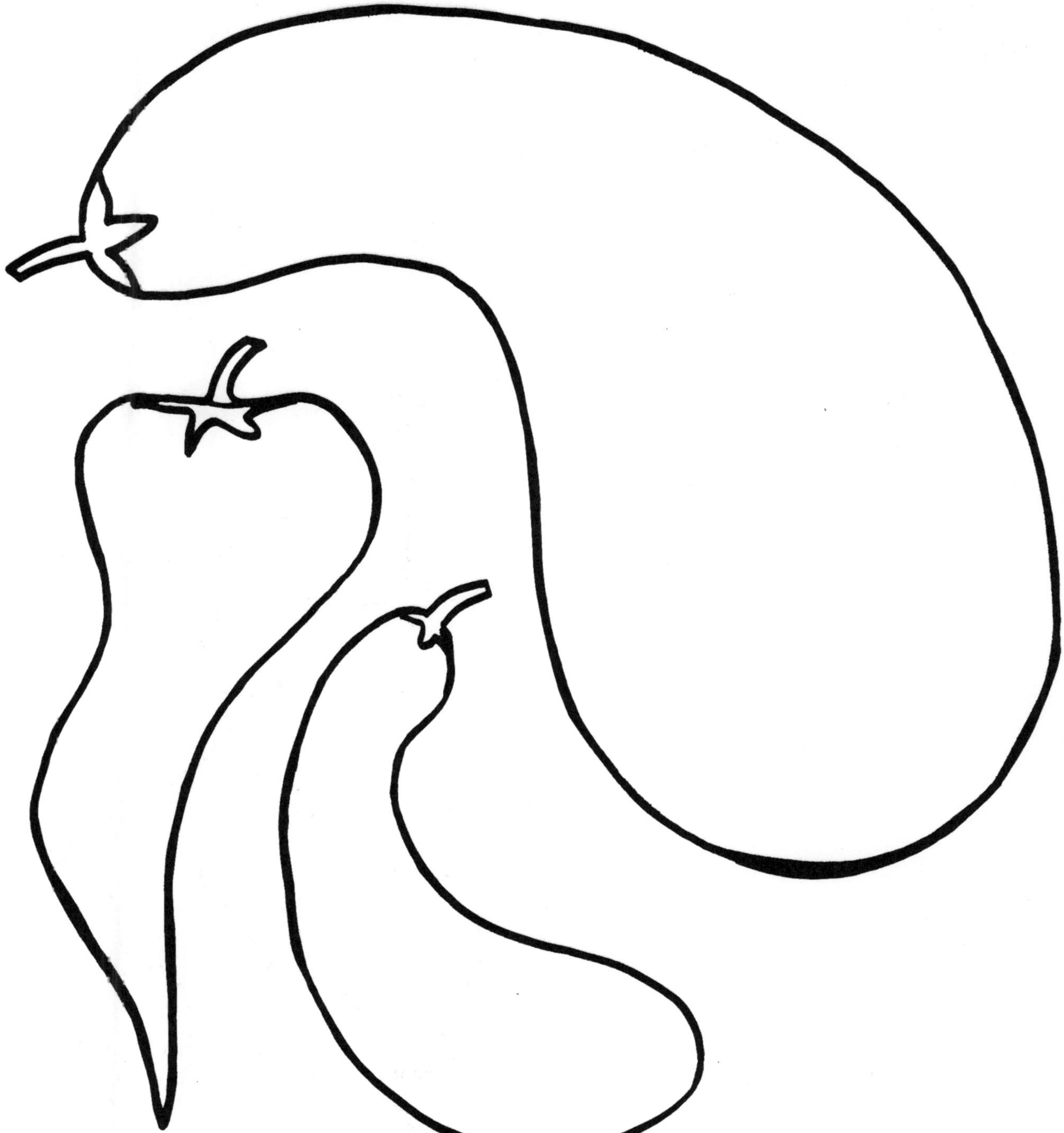

Assiettes « Tutti Frutti »

Vase « Coucher de soleil »

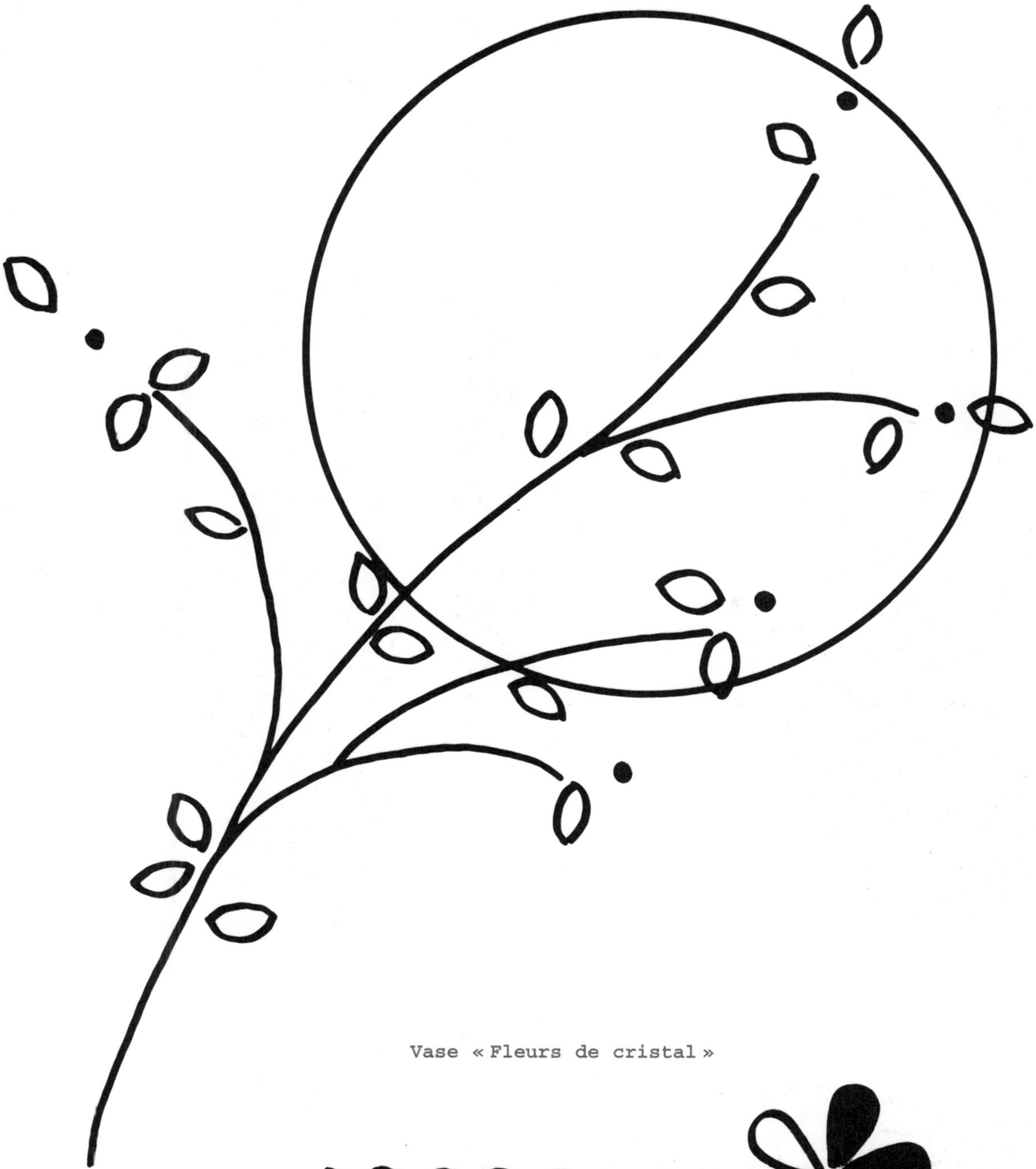

Vase « Fleurs de cristal »

Plat « Rose noire »

Cendrier « Clin d'œil à Pablo »

Sel et poivre « Kiss »

Boîte à dragées « Boy meets Girl »

Mug « Mouton »

Tables des matières

Remerciements

À Aline Sibony-Ismaïl pour ses conseils, son tact et son petit grain de folie !

Les éditions Marabout remercient la société PÉBÉO pour leur autorisation de reproduire la gamme des produits Porcelaine 150. Retrouvez tous les produits PÉBÉO sur www.pebeo.com.

Stylisme pour les photographies : Amélie Vuillon
Mise en pages : Sophie Compagne

ISBN 978-2-501-04902-3
Dépôt légal 78512- décembre 2006
4098356 / édition 01
Imprimé en Espagne par Estella Graficas